삼국사기로 만난 대무신왕 무휼

삼국사기로 만난 대무신왕 무휼

계일 글 ● 백성민 그림

계수나무

차례

작가의 말 _ 6

어린 왕자의 지혜 _ 13

대소 왕의 분노 _ 20

지휘관이 된 어린 왕자 _ 26

어린 왕자의 승리 _ 31

태자에서 왕으로 _ 42

신마 거루 _ 48

머리 하나에 몸이 둘인 까마귀 _ 54

하늘이 도운 부여 원정길 _ 60

대소 왕의 목을 베고 _ 71

뒤바뀐 전세 _ 82

잃은 것과 얻은 것 _ 92

후한의 침입 _ 98

잉어 한 마리로 적군을 물리치다 _ 105

무휼 왕의 아들 호동 왕자 _ 112

호동 왕자와 낙랑 공주 _ 118

호동의 죽음 _ 132

역사에 기록된 뒷이야기들 _ 136

부록 : 대무신왕 연표 _ 142

부록 : 고구려 역대 왕 _ 143

부록 : 질문과 대답 _ 144

작가의 말

▌추모(주몽)의 손자, 호동 왕자의 아버지 대무신왕

지난여름, 경남 거창의 '계수나무한나무 소극장'에서 어린이 캠프를 열었습니다. 전국 여러 고장에서 참가한 초등학생 어린이들과 일주일을 함께 지내며 국제 연극제 야외 공연을 돌아보고, 역할극을 무대에 올리는 등 나름대로 알찬 시간을 가졌습니다. 그때 우리 역사 속 인물들을 대상으로 인기투표를 한 적이 있었습니다. 세종대왕, 이순신 장군, 동명성왕, 광개토대왕 등 많은 인물이 표를 얻었습니다. 동명성왕과 광개토대왕은 고구려인입니다. 물론 TV 드라마의 영향도 있었겠지만, 그만큼 고구려는 우리와 친숙합니다.

우리는 대무신왕 이야기를 가지고 역할극을 했습니다. 대무신왕은 고구려 제3대 왕입니다. 처음엔 "대무신왕이 누구예요?" 했던 어린이들도 대무신왕이 동명성왕(추모)의 손자이며 호동 왕자의 아버지라고

하자 금세 아는 척을 하며 반겼습니다. 그 정도면 충분합니다. 대무신왕을 몰랐더라도 상관없습니다. 고구려를 알고 있다는 것만으로도 칭찬해 줄 일입니다. 고구려는 우리의 역사이기 때문입니다.

위대한 전쟁의 신 대무신왕

유리명왕, 대무신왕, 대소 왕, 괴유, 을두지, 호동 왕자, 낙랑 공주 등 역사 속의 인물들이 되살아났습니다. 어린이들은 책과 자료를 뒤져 가며 인물들의 외모, 성격, 특징 등을 살려 매력 있는 캐릭터로 만들어 냈습니다. 자신이 맡은 배역에 맞게 대본을 쓰고, 무대에서 연기를 했습니다. 그 더운 한 철에 우리는 대무신왕 이야기에 푹 빠져 있었던 것입니다.

대무신왕(大武神王)이라는 묘호는 '큰 대(大)+무신(武神)' 즉, '위대한 전쟁의 신'이라는 뜻입니다. 전쟁의 신! 정말 대단한 찬사입니다. 고구려를 건국한 동명성왕도, 고구려의 역사를 다시 쓰게 한 광개토대

왕도 감히 신이라는 칭호는 얻지 못했습니다.

대무신왕은 여섯 살 때 부여에서 온 사신을 꾸짖고, 열 살 때 고구려에 쳐들어온 부여의 대군을 계곡으로 유인해 몰살시켰습니다. 열한 살의 어린 나이에 왕위에 오른 뒤, 부여를 공격해 대소 왕을 베었고, 개마국과 구다국을 정복했습니다. 고구려에 침입한 후한의 대군을 잉어 한 마리로 물리친 이야기는 유명합니다. 또 호동 왕자와 낙랑 공주의 이야기 배경이 된 낙랑을 정복하며 고구려를 제국으로 끌어올렸습니다. 대무신왕은 이미 1세기 초에 고구려 역사 700년의 발판을 마련한 위대한 제왕입니다.

화려한 업적만으로 대무신왕을 평가하기엔 아직 이릅니다. 대무신왕은 단순한 정복 군주가 아니었습니다. 백성을 섬길 줄 아는 현명한 지도자였습니다. 부여 원정에 실패한 뒤 백성들 앞에 나아가 사죄하자, 백성들은 오히려 왕의 성품을 칭찬하며 더 믿고 따라 주었습니다. 이렇게 지도자와 백성이 하나로 똘똘 뭉친 결속력을 바탕으로 고구려는 대륙으로 뻗어 나갈 수 있었습니다. 백성을 섬길 줄 아는 지도자가 참지도자라는 교훈을 대무신왕은 이미 2000년 전에 몸소 심어 주었습니다.

역사의 진실과 왜곡

대무신왕의 일대기는 TV 드라마로도 방영되었습니다. 역사 속에 머물러 있는 인물을 되살려 대중에게 널리 알린다는 점에서 긍정적으로 생각할 수도 있습니다. 하지만 극의 재미를 더하기 위해서 역사에 기록된 사실과 다르게 다루는 것은 곤란합니다. 특히 사극에 판타지 형식이 더해지면서 이러한 점이 더욱더 심각해졌습니다. 물론 드라마라는 특성상 어느 정도의 픽션(허구)은 흥미를 더해 줄 수 있습니다. 하지만 기록된 사실을 근거로 해야 합니다. 기록을 무시한 역사란 있을 수 없습니다. 근거 없는 픽션은 역사 왜곡입니다. 그것은 사극을 통해 역사를 알아 가는 사람들에게 잘못된 역사 상식을 심어 줍니다. 특히 어린이들은 드라마 속의 이야기들을 사실로 믿어 버립니다. 매우 위험한 일입니다.

　우리는 지금 중국과 역사 전쟁을 치르고 있습니다. 중국은 고구려사가 자기네 역사라고 주장하고 있습니다. 고구려가 중국의 지방 민족 정권이었다는 겁니다. 참, 속이 뒤집히는 소리입니다. 독도가 우리 땅인 것처럼 고구려는 우리의 역사입니다. 비록 발해는 잃어버렸지만 이제 고구려까지 잃어버릴 수는 없습니다. 분노와 자부심만으로는 부족합니다. 알아야 합니다. 알아도 그냥 아는 것이 아니라 바르게 알아야 합니다. 고구려의 후예는 다름 아닌 우리입니다. 우리 손으로 고구려를 왜곡해서는 안 됩니다. 대무신왕을 이야기하는 것은 곧 고구려를 이야기하는 것입니다. 대무신왕을 왜곡하는 것은 곧 고구려를 왜곡하는 것입니다.

　대중매체의 힘은 참 무섭습니다. 하나의 작은 예로, 예전에 추모(주몽)의 이야기를 다룬 드라마 열풍을 타고 장난감 활이 불티나게 팔렸다고 합니다. 그런데 아이들이 가지고 노는 활을 보면 대부분 'C' 자형 활입니다. 그것은 중국식 활 모양입니다. 고구려 활은 '3' 자형 활입니다.

"……!"

이 가을, 우리 어린이들과 함께 건강한 고구려를 이야기하고 싶은 마음에 조심스레 점 하나를 찍어 봅니다.

연극도시 거창, '계수나무한나무' 정원에서

계 일

어린 왕자의 지혜

"으음!"

유리 왕의 입에서 탄식이 새어 나왔습니다.

지켜보는 신하들도 얼굴을 찡그렸습니다. 부여에서 온 사신의 오만 불손한 태도에 심한 굴욕을 느꼈기 때문입니다.

하지만 아무도 입을 열지 않았습니다. 아니, 그럴 형편이 되지 못했습니다. 고구려는 갓 태어난 나라입니다. 이제 막 국가의 기틀을 잡아가는 중이었기에 군사 대국 부여의 비위를 거스를 처지가 되지 못했습니다. 길게 줄지어 선 궁궐의 굵은 기둥 사이로 무거운 침묵이 흘렀습니다.

부여 사신은 고구려 조정의 분위기 따위는 아랑곳하지 않았습니다. 오히려 조금 전보다도 더 거들먹거리며 목소리를 높였습니다.

"나라에는 대국과 소국이 있고, 사람에게는 어른과 아이의 구분이 있다. 소국이 대국을 섬기고, 아이가 어른을 섬기는 것은 지극히 당연한 일이다. 예의를 갖추어 나를 섬기지 않는다면 고구려의 앞날은 없을 것이다."

부여 사신은 대소 왕의 말을 전했습니다. 빈정거리는 말투였습니다. 완전히 고구려를 깔보고 조롱하는 말이었습니다.

유리 왕의 입술이 파르르 떨렸습니다. 한 나라의 왕으로서 이보다 더 참기 힘든 굴욕은 없었습니다.

서기 9년(유리명왕 28년) 가을, 부여의 대소 왕은 고구려에 사신을 보내 유리 왕을 협박했습니다. 이 무렵, 고구려는 나라가 선 지 채 50년도 되지 않는 데다 북쪽의 부여 말고도 서쪽의 요동과 한나라, 그리고 남쪽의 낙랑과도 마찰을 빚고 있었습니다. 부여의 눈치를 볼 수밖에 없는 처지였습니다.

◐ 고구려 지도

대소 왕은 고구려가 처한 상황을 잘 알고 있었습니다. 마치 약점이라도 잡은 듯, 수시로 고구려를 침략하며 괴롭혔습니다. 몇 해 전(서기 3년, 유리명왕 22년)에 유리 왕이 도읍을 졸본에서 압록강 중류 지역인 국내로 옮긴 것도 졸본이 부여와 가까운 거리에 있어서 늘 부여의 위협에 시달렸기 때문입니다.

'분하지만 어쩔 수 없다!'

유리 왕은 당장의 치욕을 참고 뒷날을 기약하리라 마음먹었습니다.

"그동안 예의를 갖추지 못했으니, 이제부터라도 예의를 갖추도록 하겠소."

유리 왕은 자리에서 일어나 깍듯하게 예를 갖추며 말했습니다.

부여 사신은 만족한 표정으로 고개를 끄덕였습니다. 툭 튀어나온 배를 더 내밀어 보이며 한껏 거드름을 피웠습니다.

고구려의 굴욕!

신하들은 고개를 돌렸습니다. 눈앞의 상황을 차마 두 눈 똑바로 뜨고 볼 수 없었습니다. 눈에서 피눈물이 날 지경이었습니다.

'대왕께서 저런 수모를 겪으시다니!'

부여가 군사 대국이라 해도 사신에게까지 수모를 당해야 하는 고구려의 현실이 가슴 아팠습니다. 그렇습니다. 약육강식의 논리가 지배하는 냉혹한 국제사회에서 힘없는 나라가 겪어야 하는 설움은 예나 지금

이나 마찬가지입니다.

'흥! 네까짓 것들이 별 수 있겠어?'

부여 사신은 냉랭한 웃음을 흘리면서 고구려 조정을 마음껏 비웃었습니다.

그때, 또랑또랑한 목소리가 부여 사신의 귓전을 때렸습니다.

"무엄하오!"

어린아이의 목소리였습니다.

언제 나타났는지 어린아이 하나가 부여 사신을 빤히 올려다보며 서 있었습니다. 아이는 기껏해야 대여섯 살밖에 되어 보이지 않았습니다.

'이 어린것이 날 꾸짖었단 말인가?'

부여 사신은 어정쩡한 표정으로 아이를 바라보았습니다. 입가에 웃음이 채 가시기도 전에 일어난 일이었습니다.

아이는 맑은 눈망울로 부여 사신을 똑바로 쳐다보았습니다. 천연덕

스러운 아이의 시선에 부여 사신은 더욱 부담을 느꼈습니다.

아이는 유리 왕의 셋째 아들인 무휼 왕자였습니다.

무휼의 앙증맞은 입술이 열렸습니다.

"우리 할아버지 동명성왕은 현명하고 재주가 많았소. 그런데 대소 왕이 시기해 죽이려고 했기에 부여를 떠나온 것이오."

> 동명성왕은 고구려를 세운 추모(주몽)입니다. 추모는 어릴 적부터 활을 잘 쏘고 영특했습니다. 금와 왕의 장남인 대소는 그런 추모를 시기하고 괴롭혔습니다. 결국 추모는 대소의 위협을 피해 부여를 빠져나와, 졸본 땅에 고구려를 세웠습니다. 우리가 흔히 말하는 주몽은 '활을 잘 쏘는 사람'을 일컬어 부르는 말로, 기록에는 '추모(鄒牟) 왕이 고구려를 세웠다.'고 되어 있습니다.
>
> 유리 왕은 동명성왕의 아들로 고구려의 제2대 왕입니다. 그러니까 무휼은 유리 왕의 아들이며 동명성왕의 손자입니다.

무휼의 입이 다시 열렸습니다.

"그런데도 대소 왕은 예전의 잘못은 생각하지 않고, 오히려 군사가 많은 것만 믿고 우리 고구려를 괴롭히고 있소."

무휼의 낭랑한 목소리엔 엄한 서릿발이 맺혀 있었습니다.

부여 사신은 꿀 먹은 벙어리처럼 아무 말도 하지 못했습니다. 어린 아이의 말이지만 말 한 마디 한 마디에 어긋남이 없었습니다. 그렇기에 선뜻 대꾸할 말이 생각나지 않았던 것입니다.

"사신은 돌아가서 대왕에게 내 말을 전하시오. '쌓아 놓은 계란을 건드리지 않는다면 대왕을 섬길 것이지만 그렇지 않으면 섬기지 못하겠다.'고 말이오."

기름기 번들거리는 부여 사신의 얼굴이 잘 익은 새우처럼 벌게졌습니다.

대소 왕의 분노

"뭐야? 유리의 어린 아들놈에게 수모를 당했단 말인가?"

대소 왕은 소리를 버럭 질렀습니다. 백발이 성성했지만 목소리만큼은 카랑카랑했습니다.

신하는 움찔하며 뒤로 물러섰습니다. 고구려에 사신으로 갔다가 무휼에게 혼쭐이 빠지고 부랴부랴 부여로 돌아온 바로 그 신하였습니다.

"쌓아 놓은 계란? 도대체 그게 무슨 뜻이냐?"

대소 왕은 무휼이 한 말의 뜻을 이해하지 못했습니다.

"그건……."

신하는 말을 하려다 멈추었습니다. 사실 신하는 무휼이 한 말의 속뜻을 알고 있었습니다. 하지만 곧이곧대로 말할 수 없었습니다. 그랬다간 자신에게 어떤 불똥이 튈지 잘 알고 있기 때문입니다. 그만큼 대소 왕의 성격은 불같았습니다.

"무녀를 불러 물어보심이 좋을 듯합니다."

대소 왕은 나이 든 무녀를 불러 물었습니다.

"쌓아 놓은 계란을 건드리면 허물어져서 알이 죄다 깨져 버립니다."

"그걸 누가 모른단 말이냐?"

대소 왕의 말에 짜증이 잔뜩 묻어 있었습니다.

"그러니까 고구려를 건드리면 부여가 깨질 것이니, 고구려를 넘볼 생각하지 말고 부여나 잘 다스리라는 뜻입니다."

"뭐, 뭐라고?"

대소 왕은 자리를 박차며 일어섰습니다.

고구려를 넘보면 부여가 멸망할 것이라고? 과연 이게 여섯 살짜리 어린아이가 한 말인가? 상상조차 할 수 없을 정도로 당돌한 말이었습니다. 울화가 머리끝까지 치솟아 올랐습니다. 당장에라도 군대를 동원해 고구려를 짓밟아 놓아야 분이 풀릴 것 같았습니다. 그러나 체면이 있지, 어린아이가 한 말을 트집 잡아 전쟁을 일으키기엔 명분이 서지 않았습니다.

"으……음!"

대소 왕의 입에서 묘한 신음이 새어 나왔습니다. 한숨인지 분기인지 구분이 되지 않았습니다. 분통을 터뜨리지 못하고 속으로만 삭이자니 미칠 노릇이었습니다.

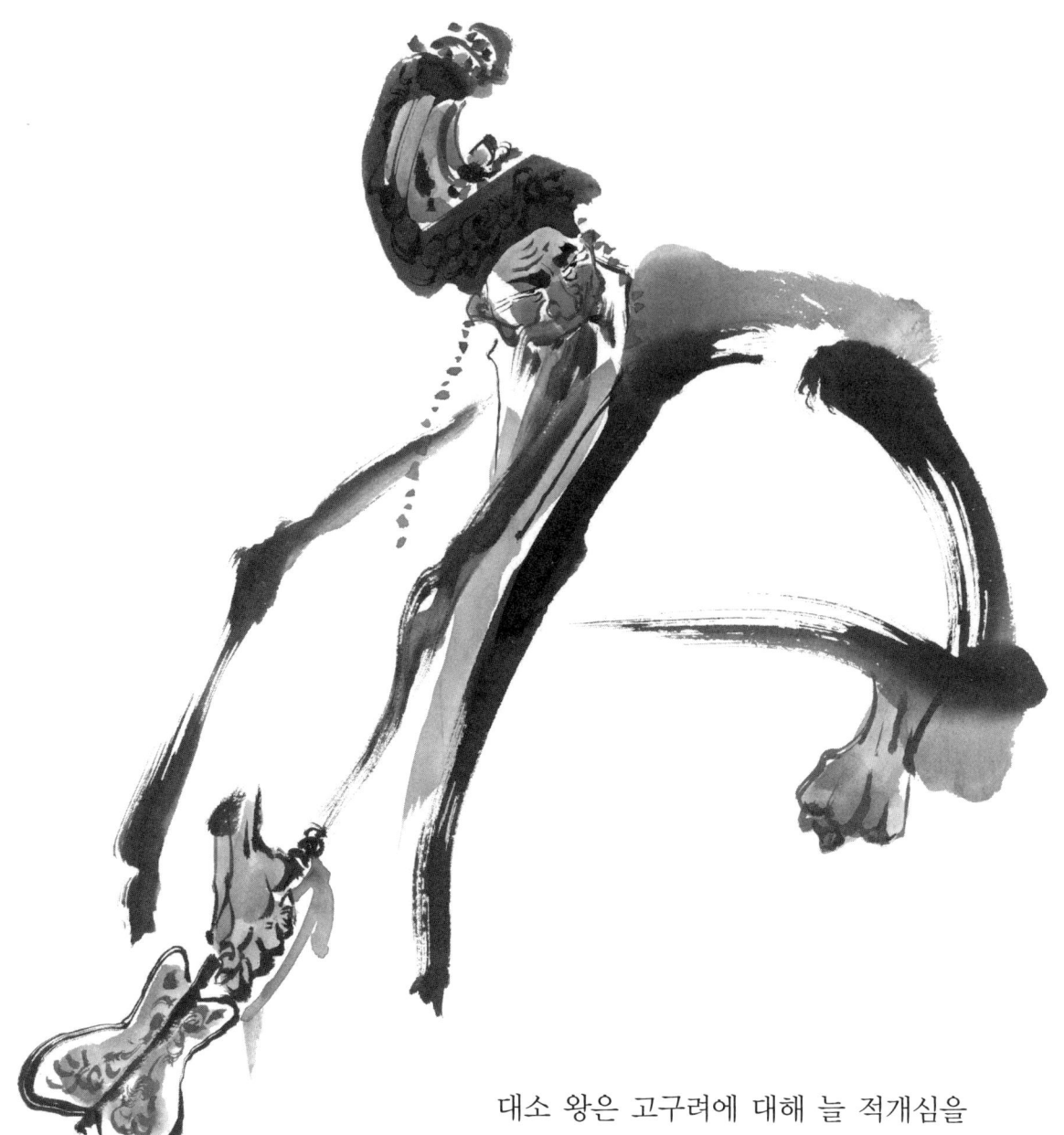

대소 왕은 고구려에 대해 늘 적개심을 가지고 있었습니다.

동명성왕이 부여를 빠져나와 고구려를 세웠지만, 한동안은 두 나라 사이에 마찰이 없었습니다. 부여의 금와 왕과 동명성왕 사이에 별다른 감정이 없었기 때문입니다. 그러나 금와 왕의 뒤를 이어 대소가 왕이 되면서부터 사정은 달라졌습니다. 대소 왕은 예전부터 동명성왕에 대한 감정의 골이 깊었습니다. 대소 왕에게 동명성왕이 세운 고구려는 당연히 눈엣가시였습니다. 대소 왕은 노골적으로 고구려를 괴롭혔습니다. 우세한 군사력을 앞세워 수시로 고구려를 침략했습니다. 고구려는 늘 부여의 위협에 시달렸습니다. 아직 부여에 대항할 힘을 갖추지 못했기에 당할 수밖에 없었습니다. 유리 왕이 굴욕을 참으며 대소 왕의 비위를 맞추려 한 것도 그런 이유에서였습니다.

그런데 어린 무휼이 당돌하게도 대소 왕의 화를 돋운 것입니다.

'어디 두고 보자! 반드시 고구려를 내 손으로 멸망시킬 테니!'

대소 왕은 어금니를 사리물며 분을 삭였습니다.

이 무렵, 중국 대륙의 정세는 매우 어수선했습니다. 서기 8년(유리명왕 27년)에 한나라(전한)에서는 어린 왕 유연을 대신하여 나라를 다스리던 외척 왕망이, 왕을 죽이고 스스로 왕위에 올라 나라 이름을 신(新)이라 했습니다. 그러자 혼란을 틈타 그동안 한나라의 지배를 받았던 흉노족이 반란을 일으켰습니다.

서기 12년(유리명왕 31년), 왕망은 고구려에 사신을 보내왔습니다.

"흉노족을 토벌할 것이니 군사를 보내 주시오!"

그동안 고구려는 주위의 작은 나라들을 병합해 나가며 힘을 키웠습니다. 왕망이 고구려에 원군을 요청한 것은 그만큼 고구려의 힘이 강해졌기 때문입니다.

유리 왕은 내키지 않았습니다. 하지만 거절할 만한 명분이 없었기에 어쩔 수 없이 군대를 보냈습니다.

"우리가 왜 남의 싸움에 끼어들어야 해?"

"맞아! 그러다 죽으면 그야말로 개죽음이지!"

고구려 군사들은 불평을 늘어놓았습니다. 고구려 군사들의 마음도 유리 왕의 마음과 다를 바 없었습니다. 고구려 군사들은 흉노족과 싸움도 하기 전에 뿔뿔이 흩어졌습니다.

왕망은 크게 화를 내며 고구려를 위협했습니다. 유리 왕은 그런 왕망의 태도를 무시해 버렸습니다. 오히려 신나라의 국경을 자주 공격하며 왕망의 화를 돋우었습니다. 왕망은 자존심이 몹시 상했습니다.

"고구려? 흥! 이제부터 높을 고(高) 자 대신 아래 하(下) 자를 써서 하구려라고 부른다. 그리고 제까짓 게 왕은 무슨? 왕보다 지위가 낮은 제후 후(侯) 자를 써서 고구려 왕은 하구려 후로 부르도록 하라!"

체면을 구긴 왕망은 고구려 왕을 하구려 후로 부르게 하며 스스로 위안을 삼았습니다.

    이렇게 고구려가 신나라와 잦은 마찰을 빚고 있을 때, 부여의 대소왕은 군사를 동원해 고구려를 공격했습니다.

지휘관이 된 어린 왕자

"부여군이 쳐들어온다!"

서기 13년(유리명왕 32년) 11월, 부여의 대군이 고구려에 쳐들어왔습니다. 전날 무휼에게 당한 모욕을 갚으려고 호시탐탐 기회를 노리던 대소 왕이 마침내 전쟁을 일으킨 것입니다.

유리 왕은 급히 어전회의를 열었습니다. 대신과 장수들이 속속 궁궐로 모여들었습니다. 고구려 조정은 싸늘한 전운에 휘감겼습니다. 상대는 군사 대국 부여입니다. 고구려의 운명은 바람 앞의 촛불처럼 위태로웠습니다.

중신들의 얼굴은 돌처럼 굳어 있었습니다. 살얼음 같은 침묵이 이어졌습니다. 유리 왕이 침묵을 깼습니다.

"무휼에게 고구려군의 지휘를 맡기노라."

"……!"

중신들은 뜨악한 표정을 지었습니다.

'저 어린 왕자가 뭘 안다고?'

중신들의 얼굴엔 불만이 가득했습니다.

'대왕께서 벌써 노망나셨나?'

'헛! 정말 기가 막힐 노릇이군!'

그도 그럴 것이, 무휼은 이제 겨우 열 살밖에 되지 않았습니다.

'백전노장을 지휘관으로 삼아도 위태로운 판에…….'

'열 살짜리 어린아이를 지휘관으로 삼다니!'

그러나 고대사회에서 왕의 말은 곧 법이었습니다. 특히 유리 왕은 뛰어난 정치 수완을 발휘해 귀족 세력을 누르고 왕의 권한을 크게 늘려 놓았습니다. 유리 왕의 말은 신성한 율법과도 같았습니다.

"흐음……!"

신하들은 땅이 꺼질 듯이 한숨을 내쉬었습니다. 당장에 고구려가 망하기라도 한 것처럼 비통해했습니다.

무휼은 군대를 이끌고 전장으로 나갔습니다. 몸에 맞는 갑옷과 투구가 없어 무징은 하지 못했지만 말을 다루는 데는 능숙했습니다.

무휼은 언덕에 올라 멀리 건너편의 부여군 진영을 살펴보았습니다.

"역시 부여는 군사 대국이야!"

눈을 씻고 봐도 부여군 진영에서 허점을 찾을 수 없었습니다.

"먼 길을 달려왔는데도 저토록 훌륭하게 진을 칠 수 있다니. 역시 부여군은 강해!"

하나를 보면 열을 알 수 있는 법입니다. 추운 겨울에 먼 길을 달려왔음에도 부여군의 사기는 하늘을 찌를 듯이 높아 보였습니다.

고구려군은 부여군에 비해 군사의 수가 적었습니다. 또 그동안 부여에게 늘 시달렸기 때문에 부여군을 두려워하고 있었습니다.

무휼은 장수들을 한자리에 불러 놓고 말했습니다.

"적의 수가 우리보다 많고, 군사들의 사기 또한 우리보다 높으니 정면 승부로는 이길 수 없소. 유인교란(誘引攪亂) 전술을 쓸 것이오."

"유인교란 전술?"

무휼은 의아해하는 장수들을 보며 말을 이었습니다.

"우리 군사를 좁은 계곡 깊숙한 곳에 숨겨 놓고 적을 끌어 들인 뒤, 앞뒤를 막고 기습 공격을 하면 이길 수 있을 것이오."

장수들의 입이 쩍 벌어졌습니다. 어린아이의 머리에서 저렇게 기가 막힌 전략이 나올 수 있다니!

"내가 원하는 건 완전한 승리요. 그래야 부여가 우리를 쉽게 보지 못할 것이오."

입안에서 말을 빚어 내뱉듯이 무휼은 한 마디 한 마디, 또박또박 힘주어 말했습니다.

장수들은 벌어진 입을 다물지 못했습니다. 주머니 속의 송곳은 감추려 해도 드러나는 법입니다. 혈통은 속일 수 없었습니다. 무휼은 동명성왕의 손자이며 송양의 외손자입니다.

> 비류국 왕 송양은 동명성왕이 졸본에 정착하기 전부터 비류수 상류 일대를 지배했던 세력가였습니다. 비류수는 중국 요령성과 길림성의 접경지대를 흐르는 강으로 현재 이름은 부이 강입니다. 송양은 동명성왕과의 대결에서 패한 뒤 협력자가 돼 동명성왕이 나라의 기틀을 다지는 데 많은 도움을 준 인물입니다.

무휼의 몸속에는 전사의 피가 흐르고 있었습니다.

'병아리로만 알았는데 이제 보니 독수리였군!'

장수들은 고개를 끄덕였습니다.

"정말 훌륭한 전략입니다."

"왕자님 저희들을 용서해 주십시오."

"그동안 저희들은 왕자님을 어리다고 깔보았습니다."

장수들은 머리를 조아리며 사죄했습니다.

무휼은 대답 대신 웃음을 지어 보였습니다. 더할 나위 없이 천진난만한 어린아이의 웃음이었습니다.

어린 왕자의 승리

장수들은 무휼을 믿고 따랐습니다. 맹장 밑에 약졸 없는 법입니다. 고구려군은 하나로 똘똘 뭉쳤습니다.

"와아아……!"

"와아아……!"

빗발치는 화살이 하늘을 뒤덮고, 함성과 말발굽 소리가 산과 들을 뒤덮었습니다. 사방 천지는 희뿌연 흙먼지로 뒤덮여 한 치 앞도 보이지 않았습니다. 고구려의 운명이 걸린 한판 전쟁이 시작된 것입니다.

"둥둥둥……."

고구려군 진영에서 북소리가 들렸습니다. 후퇴를 알리는 북소리였습니다.

"퇴각하라!"

부여군과 맞서 싸우던 고구려군은 달아나기 시작했습니다.

"고구려군이 도망간다!"

"추격하라!"

고구려군은 꽁지가 빠지게 도망갔습니다.

"또……야?"

번번이 그랬습니다. 고구려군은 부여군과 맞서 싸우다가도 금세 달아났습니다. 부여군의 약만 바짝 올려놓고 도망만 다녔습니다.

"뭐야? 쥐새끼처럼 도망만 다녀?"

"고구려군도 별것 아니군!"

부여군은 고구려군을 얕잡아 보았습니다. 도망가는 고구려군을 마음 놓고 추격했습니다. 무휼의 전략이 보기 좋게 들어맞은 것입니다.

"조금만 더! 조금만 더 따라와라!"

무휼의 전략인 줄도 모르고 부여군은 고구려군의 뒤에 바짝 따라붙었습니다.

"됐다!"

무휼은 주먹을 꼭 쥐었습니다. 여린 주먹에 힘이 잔뜩 실렸습니다. 마침내 학반령 깊숙한 계곡으로 부여군을 끌어 들이는 데 성공한 것입니다.

무휼은 주저하지 않았습니다.

"공격!"

무휼의 명령은 북소리로 전해졌습니다.

"둥둥둥……."

북소리가 계곡 가득히 울려 퍼졌습니다. 그 어느 때보다도 크고 힘차게 들렸습니다.

"와아아아!"

고구려군은 함성을 내질렀습니다. 얼마나 기다렸던 순간인지 모릅니다. 드디어 고구려군의 반격이 시작됐습니다.

"아앗, 속았다!"

"후퇴! 후퇴하라!"

그제야 고구려군의 계략에 빠진 걸 안 부여군은 허겁지겁 도망치기 시작했습니다. 그러나 이미 때는 늦었습니다. 발톱을 감추고 있던 고구려군이 품 안에 들어온 먹잇감을 순순히 놓아줄 리 없었습니다. 더구나 학반령 계곡은 지형이 험하고 폭도 좁아서 말을 탄 군사들이 한꺼번에 빠져나가기가 쉽지 않았습니다.

"구루르르릉……."

요란한 소리가 들렸습니다. 맷돌이 갈릴 때처럼 둔탁하고 무거운 소리가 아주 가까운 곳에서 크게 들려왔습니다.

"허억……!"

위를 올려다보던 부여군은 기겁을 했습니다. 고구려군이 산 위에서 바윗돌을 굴리고 있었기 때문입니다.

"구루르르릉……."

바윗돌이 구르는 소리가 요란하였습니다. 부여군에게는 하늘이 무너지는 소리로 들렸습니다.

"쿠르릉, 쿠릉쿠릉……."

바윗돌이 요란한 소리를 내며 굴러 떨어졌습니다.

"으아악, 바윗돌이 쏟아진다!"

"피해라!"

엄청나게 큰 바윗돌이 쉴 새 없이 쏟아졌습니다. 바윗돌은 고

스란히 부여군의 머리 위로 떨어졌습니다. 굴러 내리면서 가속이 붙은 바윗돌의 위력은 엄청났습니다. 계곡은 순식간에 아수라장으로 변했습니다. 부여군의 비명 소리와 말의 울부짖음이 계곡을 가득 메웠습니다.

"이렇게 어처구니없이 당하다니!"

부여군은 이를 박박 갈았습니다.

"쉬이익!"

"슈우욱!"

이번에는 화살이 날아들었습니다.

> 고구려군의 공격 전술 중 가장 으뜸이 화살 공격입니다. 기병이나 보병의 공격에 앞서 화살 공격을 먼저 하는 것이 고구려군의 기본 전술입니다. 특히 고구려의 활은 '3' 자형으로 가운데 부분이 옴폭 들어간 형태입니다. 중국이나 일본의 'C' 자형 활보다 탄력성이 뛰어나서 화살의 위력도 그만큼 더 뛰어났습니다.

고구려군의 시위를 떠난 화살은 부여군의 머리 위에 내리꽂혔습니다. 한여름 장대비처럼 화살은 위에서 아래로 쏟아져 내렸습니다. 그 위력 또한 바윗돌 못지않았습니다. 부여군은 고슴도치가 되어 픽픽 쓰러졌습니다.

"후퇴! 후퇴하라!"

"앞뒤로 고구려군이 버티고 있다!"

"빠져나갈 길이 어디 있어?"

우왕좌왕! 부여군은 정신없이 허둥댔습니다. 군사 대국의 위풍당당한 정예병 모습은 찾아 볼 수 없었습니다. 무기를 내던지고 틈새를 찾아 몸을 숨기기에 급급한 오합지졸에 불과했습니다.

승패는 이미 갈렸습니다. 고구려군의 승리였습니다. 그러나 무휼이 원하는 건 단순한 승리가 아니었습니다. 무휼은 완전한 승리를 원했습니다.

"지금이야말로 적을 섬멸할 때야!"

무휼의 명령은 또다시 북소리로 전달되었습니다.

"둥둥둥……."

"와아아……!"

고구려 군사들은 함성을 지르며 내달았습니다. 이미 날개가 꺾인 부여군은 고구려군의 상대가 되지 못했습니다. 기세등등한 고구려군의 칼날 앞에서 부여군은 가을바람에 떨어지는 나뭇잎처럼 힘없이 나뒹굴었습니다.

전멸! 마침내 부여군은 학반령 계곡에서 전멸하고 말았습니다.

"와아, 이겼다!"

"만세! 무휼 왕자님 만세!"

"고구려 만세!"

고구려 군사들은 얼싸안고 눈물을 흘렸습니다. 감격의 눈물입니다. 끈질기게 고구려를 괴롭혀 왔던 부여의 콧대를 꺾은 것입니다. 그 감격은 말로 다 할 수 없었습니다. 무휼이 장담했던 대로 고구려는 완전한 승리를 거두었습니다.

"이제 부여는 우리 고구려를 쉽게 보지 못할 것이오."

무휼은 주먹을 꽉 쥐어 보이며 힘주어 말했습니다.

"왕자님!"

군사들은 무휼을 향해 다시 한 번 머리를 조아렸습니다.

"고구려 만세!"

"무휼 왕자님 만세!"

백성들도 승리의 기쁨을 함께 누렸습니다. 온 나라 안이 잔칫집 분위기였습니다. 남녀노소가 한마음이 되어 흥겨운 노래를 부르며 덩실덩실 춤을 추었습니다.

> 고구려인들은 일찍부터 춤과 노래를 즐겼습니다. 길림성 집안시에 있는 고구려 고분벽화 등을 보더라도 고구려인의 가무(歌舞) 풍습을 잘 알 수 있습니다. 특히 삼국지 동이전 고구려조의 10월 대축제인 '동맹'에 관한 기록을 보면, '그 백성은 가무를 좋아한다. 나라의 마을마다 밤이면 남녀가 서로 무리 지어 노래하며 희롱한다.'고 적혀 있습니다.
>
> 중국 측의 이 기록은 고구려인의 춤과 노래를 놀이 위주로만 설명하고 있습

○ 무용총 벽화
춤추는 사람들

니다. 하지만 고구려의 가무 풍습은 귀족과 평민 간의 신분을 뛰어넘어 화합과 단결력을 높이는 데 큰 역할을 했습니다. 고구려가 초기 한나라에서 말기 당나라에 이르기까지 대륙의 역대 정권과 당당하게 맞서 싸울 수 있었던 바탕은 강인한 민족정신과 더불어 신분의 높고 낮음을 가리지 않는 공동체 의식이 강했기 때문입니다. 또한 고구려의 가무는 예술적으로도 크게 발전해 중국과 일본에 전래되었습니다. 특히 당나라에서는 고구려 무악을 궁중음악으로 받아들일 정도였으니, 중국에서 불고 있는 한류 열풍의 원조는 고구려였다고 말할 수 있습니다.

"무휼 왕자님이 있는 한 부여도 두렵지 않아."

"암, 이젠 겁날 게 없지!"

백성들은 신출귀몰한 계략으로 승리를 이끈 어린 왕자의 지혜에 감탄을 아끼지 않았습니다.

무휼이 거둔 승리는 큰 의미가 있었습니다. 그동안 고구려는 잦은

전쟁을 치르느라 국력을 많이 소모했을 뿐 아니라 백성들도 지쳐 있었습니다. 부여를 상대로 거둔 승리는 모래알처럼 흩어져 있던 고구려의 민심을 단단하게 굳히는 계기가 되었습니다.

태자에서 왕으로

이듬해인 서기 14년(유리명왕 33년), 무휼은 태자의 자리에 올랐습니다. 태자란 왕위를 이을 왕자를 일컫는 말입니다. 무휼은 셋째 왕자이지만 이미 맏아들인 태자 도절이 죽었고, 둘째인 해명 왕자도 죽었기 때문에 자연스럽게 태자의 자리에 올랐습니다. 태자가 된 무휼은 군사와 국정에 관한 일을 맡아 하며 착실하게 지도자 수업을 해 나갔습니다.

"자, 진군이다!"

나라가 안정되면서 군대의 힘이 커진 고구려는 대외 정복에 나섰습니다. 군사 대국 부여를 꺾고 기세가 오른 터라 거침이 없었습니다. 말을 내몰아 대륙을 내달리며 차근차근 영토를 넓혀 나갔습니다.

그해 8월, 고구려는 한나라 요서 지역의 현도군에 있던 양맥을 정벌하고 고구려현까지도 점령했습니다. 고구려현은 한나라가 설치했던 군현으로 고구려와는 엄연히 다릅니다. 이렇게 고구려는 양맥과 고구려현을 차지함으로써 대륙의 맹주인 신나라 왕망과의 대결에서 유리한 고지를 점령했습니다.

> 지금 중국에서는 고구려사가 중국사에 속한다고 주장하고 있습니다. 그들의 주장에 의하면 고구려는 중국의 지방 민족 정권이었기 때문에 고구려사는 중국사에 속해야 마땅하다는 것입니다. 특히 양 한나라 대(전한, 후한)에 중국이 고구려를 직접 관리했다고 주장하고 있습니다. 하지만 고구려가 한나라에 속했던 고구려현을 차지했다는 이 기록만 보더라도 고구려는 한나라와 맞서 싸운 대등한 주권국가였다는 사실을 잘 알 수 있습니다. 이 시기에 고구려는 중국 군현과 경계를 접할 정도로 영토를 넓혔습니다.

좋은 일이 있으면 좋지 않은 일도 생기는 법입니다.

서기 18년(유리명왕 37년) 4월, 무휼의 동생인 여진 왕자가 물에 빠져 죽었습니다. 넷째 아들인 여진을 남달리 아꼈던 유리 왕은 큰 충격을 받았습니다. 그 뒤 유리 왕은 시름시름 앓기 시작하더니, 마침내 그해 10월에 세상을 떠났습니다. 묘호는 유리명왕입니다.

서기 18년 10월, 유리명왕의 뒤를 이어 태자 무휼이 열다섯 살의 나이로 왕위에 올랐습니다.

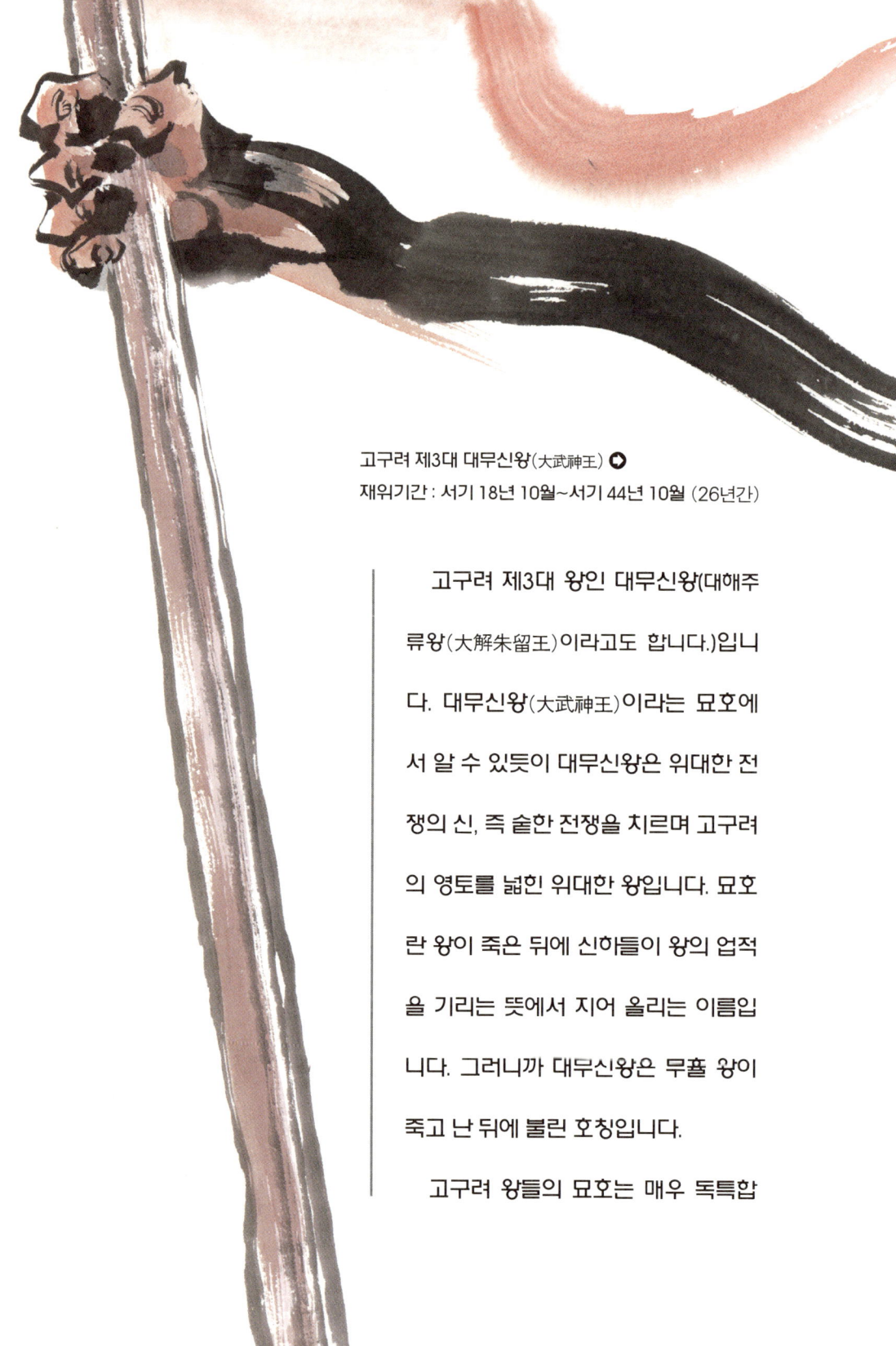

고구려 제3대 대무신왕(大武神王) ◑
재위기간 : 서기 18년 10월~서기 44년 10월 (26년간)

고구려 제3대 왕인 대무신왕(대해주류왕(大解朱留王)이라고도 합니다.)입니다. 대무신왕(大武神王)이라는 묘호에서 알 수 있듯이 대무신왕은 위대한 전쟁의 신, 즉 숱한 전쟁을 치르며 고구려의 영토를 넓힌 위대한 왕입니다. 묘호란 왕이 죽은 뒤에 신하들이 왕의 업적을 기리는 뜻에서 지어 올리는 이름입니다. 그러니까 대무신왕은 무휼 왕이 죽고 난 뒤에 불린 호칭입니다.

고구려 왕들의 묘호는 매우 독특합

니다. 고구려 28명 왕 중에 무덤이 있는 곳의 지명을 따서 묘호를 쓴 왕이 열두 명이나 됩니다. 중국식 묘호(예 : 효무제, 효문제 등)와 구별되는 독창성이 돋보입니다. 예를 들면, 광개토대왕의 정식 묘호는 '국강상광개토경평안호태왕(國岡上廣開土境平安好太王)입니다. 여기서 '국강상'은 광개토대왕의 무덤이 있는 곳의 지명입니다. 그러니까 '국강상에 묻힌, 땅의 경계를 넓히고 평안을 가져다준 위대한 왕' 이 묘호의 뜻입니다. 대무신왕이라는 묘호는 왕의 생전 업적을 서술한 것으로, '위대한 전쟁의 신과 같은 왕' 이라는 뜻을 그대로 한자로 표현해 쓴 것입니다. 이렇게 고구려는 삼국 중 중국 문화의 영향을 가장 많이 받았으면서도 고유 묘호를 만들어 쓸 만큼 민족의식이 강했습니다.

"나라 안의 죄수들을 풀어 주어라!"

서기 19년(대무신왕 2년), 새 왕은 사면령을 내렸습니다. 사면이란 지은 죄를 용서하여 형벌을 면제해 주는 것을 이르는 말입니다.

"우리 대왕은 정말 너그러우신 분이야!"

백성들은 무휼 왕의 성품을 칭찬했습니다. 민심은 천심이라고 했습니다. 예나 지금이나 지도자는 백성의 마음, 즉 민심을 얻어야 합니다. 무휼 왕은 백성을 섬길 줄 아는 지도자였습니다.

이듬해에 무휼 왕은 사당을 짓고 할아버지 동명성왕을 나라의 시조신으로 모셨습니다. 그때까지 고구려에는 나라의 시조인 동명성왕을 모신 변변한 사당조차 없었습니다.

"이제야 번듯한 나라가 된 것 같아."

"암, 조상 없는 후손이 어디 있나?"

백성들은 크게 기뻐했습니다. 백성들은 동명성왕을 기리며 자신들이 고구려인임을 자랑으로 여겼습니다.

그동안 강해졌다고는 하지만, 고구려는 역사가 짧은 신생국이었습니다. 또한 부여에서 떨어져 나온 나라라는 인식이 강했기 때문에 주위의 다른 나라들에 비해 정통성이 부족했습니다. 무휼 왕은 나라의 시조인 동명성왕의 사당을 세움으로써 민심을 하나로 모으고, 국제사회에서 고구려가 동명성왕의 혈통을 잇는 나라임을 당당하게 밝혔습니다.

신마 거루

서기 20년(대무신왕 3년), 무휼이 왕위에 오른 지 3년째 되는 해였습니다. 무휼 왕은 신하들을 이끌고 골구천으로 사냥을 나갔습니다.

고구려인들은 사냥을 즐겼습니다. 고구려 고분벽화의 그림을 보면 사슴과 호랑이를 쫓아 말을 타고 달리며 활시위를 당기는 고구려인들의 움직임이 힘 있게 표현되어 있습니다.

거칠게 내닫는 짐승을 쫓아 말을 타고 달리며 활을 쏘는 사냥은 실전과 다를 바 없었습니다. 고구려는 특히 기병 전술이 뛰어났습니다. 말을 타고 달리며 활을 쏘는 마상궁술 실력은

○ 무용총 벽화
사냥하는 사람들

일찍부터 사냥을 통해서 길러졌습니다.

왕도 예외는 아니었습니다. 고구려 시조인 동명성왕은 어릴 때부터 '활을 잘 쏘는 사람'인 주몽으로 불렸습니다. 그 후손들도 당연히 주몽이 되어야만 했습니다. 역대 왕들은 직접 사냥터에 나가 말을 타고 달리며 활을 쏘며 무술 연마를 게을리하지 않았습니다. 옛 중국인들이 고구려를 동쪽 오랑캐라는 의미로 동이(東夷)라 불렀는데, 이(夷)는 큰 활이라는 뜻으로 대(大)와 궁(弓)이 합쳐진 글자입니다. 이처럼 일찍부터 고구려는 중국인들에게 활을 잘 쏘는 사람이 많은 나라로 알려졌습니다.

특히 봄, 가을에는 나라의 큰 행사로 사냥 대회가 열렸습니다. 왕은 이 대회를 통해 무예가 뛰어난 인재를 찾아내기도 했고, 여러 귀족 세력들을 만나 친목을 다지기도 했습니다.

"두두두……."
요란한 말발굽 소리가 골구천 계곡을 뒤흔들었습니다.
"멧돼지가 도망간다!"
"활을 쏴라!"
사냥이 한창 무르익을 무렵이었습니다.
"히히힝!"

어디선가 말 한 마리가 나타났습니다. 고구려 말은 대체로 머리가 작고 목이 두텁고 몸집에 비해 다리가 짧았습니다. 반면에 이 말은 몸집이 크고 건장했습니다. 허벅지의 근육질은 조각상처럼 두드러졌고, 몸을 뒤덮은 털은 햇빛도 튕겨 낼 정도로 매끄러웠습니다. 눈이 부시도록 하얀 말이었습니다.

백마는 고개를 돌려 무휼 왕을 힐끔 쳐다보았습니다. 그리고는,

"히이잉"

앞발을 치켜들며 사납게 울부짖었습니다.

"히힝"

무휼 왕이 타고 있던 말이 움찔 놀라 뒷걸음을 쳤습니다. 무휼 왕은 고삐를 당겨 놀란 말을 추스르며 말했습니다.

"저 말이 나를 부르는 것 같구나."

무휼 왕은 말에서 내려 백마에게 다가갔습니다. 백마는 무휼 왕을 보더니 순순히 고개를 숙였습니다. 마치 왕을 대하는 신하처럼 고분고분했습니다.

"네 등에 올라타라는 말이로구나."

무휼 왕은 백마의 등에 올라탔습니다. 신하들은 위험하다며 말렸지만 무휼 왕은 듣지 않았습니다.

"히히힝!"

무휼 왕을 등에 태운 백마는 크게 울부짖었습니다. 그리고는 쏜살같이 내달렸습니다.

무휼 왕은 말을 다루는 솜씨가 뛰어났습니다. 하지만 고삐도 없이 야생마를 타는 건 매우 위험한 일입니다. 그러나 두렵지 않았습니다. 오히려 편안함마저 들었습니다. 마치 예전부터 죽 탔던 말처럼 백마의 등이 익숙했습니다.

백마는 점점 더 빠르게 달렸습니다. 따라오던 무휼 왕의 호위병들을

진작에 따돌렸습니다. 거울에 반사되어 직선으로 뻗어 나가는 한 줄기 광선처럼 백마는 광야를 내달렸습니다.

　무휼 왕은 백마의 갈기를 움켜쥐었습니다. 사자의 갈기처럼 길고 풍성한 털이 손안에 가득 들어왔습니다. 손바닥에 착 달라붙는 느낌이

좋았습니다. 마치 자신의 몸 한 부분처럼 느껴졌습니다.

"하늘이 내게 신마(神馬)를 주셨구나!"

무휼 왕은 이루 말할 수 없이 기뻐하며, 말의 이름을 거루(駏驦)라고 지었습니다.

머리 하나에 몸이 둘인 까마귀

이 무렵 대륙의 정세는 매우 혼란했습니다. 한나라(전한)를 붕괴시킨 왕망의 신나라에서 반란이 일어난 것입니다. 무휼 왕은 이 기회를 놓치지 않았습니다. 대륙이 흔들리고 있는 사이에 고구려의 영토는 점점 커졌습니다. 신마 거루를 타고 선두에 서서 군사를 지휘하는 무휼 왕의 듬직한 모습은 군사들에게 믿음과 용기를 주었습니다.

"이 기회를 놓칠 수 없지!"

같은 시기에 부여의 대소 왕도 무휼 왕과 같은 생각을 했습니다.

"대륙이 혼란해진 틈을 타서 부여의 영토를 넓혀야 해. 하지만……."

대소 왕은 무휼 왕의 움직임이 신경에 거슬렸습니다. 무휼 왕이 자신보다 한발 앞서 나가고 있었기 때문입니다.

"무휼, 이 건방진 녀석을 그냥 둘 순 없지!"

그해 겨울, 부여의 대소 왕은 고구려에 사신을 보냈습니다.

"까아악!"

까마귀가 목청을 돋우어 한껏 소리를 내질렀습니다. 유별나게 크고 음산한 소리였습니다. 어전의 넓은 사방 벽에 부딪쳐 튕긴 울음소리는 긴 복도를 따라 궁궐 구석구석까지 스며들었습니다.

"까아악!"

소름을 돋우는 소리였습니다.

'느닷없이 까마귀라니……'

무휼 왕은 대소 왕이 보낸 까마귀를 뚫어지게 바라보았습니다. 매우 흉측하게 생긴 까마귀였습니다. 머리는 하나인데 몸은 둘이었습니다. 거기에 몸은 붉은색이었습니다. 세상에 이런 까마귀가 있다는 사실이 놀라울 따름이었습니다. 음산하다 못해 괴이하기까지 했습니다.

부여 사신은 빙글거리며 말했습니다.

"까마귀의 검은 빛이 변하여 붉게 되었고, 머리는 하나인데 몸이 둘이니, 이것은 두 나라가 하나가 될 징조라고 하셨소."

참으로 섬뜩한 말이었습니다. 고구려를 집어삼키려는 대소 왕의 야심을 그대로 드러낸 말이었습니다. 무휼 왕이 그 속내를 모를 리 없었습니다.

'선전포고로군!'

대소 왕은 전날의 패배를 마음에 두고 복수할 기회만 노리고 있었습니다. 이제 까마귀를 보내 무휼 왕의 마음을 떠보려는 것입니다. 무휼 왕은 태연하게 말했습니다.

"검은색은 부여를 뜻하고 붉은색은 고구려를 뜻하는데, 이제 부여의 색이 변하여 고구려의 색이 되었구나. 또한 붉은 까마귀는 상서로운

동물인데 대소 왕이 갖지 못하고 나에게 보냈으니, 부여의 운명이 어찌 될지 모르겠구나."

"……!"

부여 사신은 움찔하며 한 걸음 뒤로 물러섰습니다. 무휼 왕의 말을 듣는 순간 등골이 서늘해졌기 때문입니다.

"또 그 어린것에게 당하다니!"

대소 왕은 고함을 지르며 주먹으로 탁자를 내리쳤습니다. 분함을 주체할 길이 없었습니다. 가늘고 긴 대소 왕의 흰 수염이 바들바들 떨렸습니다.

신하는 목을 움츠렸습니다. 왕이 화를 내는 것이 마치 자신의 탓처럼 생각되었습니다. 자신에게 죄가 있다면 왕의 명에 따라 고구려에 사신으로 갔다 온 죄밖에 없었습니다. 그리고 또 하나, 고구려 왕의 말을 그대로 전한 죄밖에 없었습니다.

"으흠! 이놈, 어디 두고 보자."

대소 왕은 어금니를 사리물었습니다. 생각할수록 분통이 터졌습니다. 공연히 까마귀를 보내 망신만 당했다고 생각하니 더욱더 울화가 치밀었습니다.

시간이 조금 더 지난 뒤 대소 왕은 불쑥 한 마디를 내뱉었습니다.

"싹을 잘라 버려야 해!"

신하의 눈이 동그래졌습니다. 대소 왕의 말이 무엇을 뜻하는지 잘 알고 있었기 때문입니다.

'전쟁이다!'

어전회의가 열렸습니다.

무휼 왕이 급작스레 중신들을 불러 모은 것입니다.

"부여를 칠 것이오!"

무휼 왕의 말에 신하들은 자신의 귀를 의심했습니다.

'잘못 들었겠지…….'

그동안 고구려가 강해진 건 사실이지만 아직 부여에 견줄 바는 아니었습니다. 나라가 선 지 이제 겨우 50년 조금 지났을 뿐입니다. 그 짧은 세월 동안 고구려는 말갈과 비류국을 시작으로 행인국, 북옥저, 양

맥 등 많은 세력을 정복했습니다. 하지만 부여는 이들 작은 나라들과 비교할 수 없는 막강한 군사 대국이었습니다. 더구나 부여를 공격하려면 먼 길을 가야만 했습니다.

"부여를 치는 것은 계란으로 바위를 치는 격입니다."

"한겨울에 원정을 떠나는 것은 자살행위입니다."

전쟁을 반대하는 목소리도 있었습니다. 신하들의 반대에도 아랑곳없이 무휼 왕은 뜻을 굽히지 않았습니다.

"부여를 칠 것이오!"

"……!"

무휼 왕은 대소 왕이 보낸 까마귀의 모습을 다시 한 번 떠올렸습니다.

"대소는 우리나라를 삼키기 위해 혈안이 되어 있소. 머지않아 또다시 공격해 올 것이오. 어차피 치를 전쟁이라면 먼저 나가 치는 것이 현명하오."

하늘이 도운 부여 원정길

서기 21년(대무신왕 4년) 12월, 무휼 왕은 군사를 이끌고 부여 원정에 나섰습니다. 신마 거루를 타고 붉은 망토를 펄럭이며 선두에 선 무휼 왕의 모습은 위풍당당했습니다.

고구려군이 비류수(지금의 만주 동가 강 상류 유역)를 지날 때였습니다.

무휼 왕은 손을 들어 군사들을 멈추게 했습니다.

"웬 여인이냐?"

무휼 왕은 앞을 가리켰습니다. 저만치 강가에서 여인 하나가 큰 가마솥을 머리에 이고 서성이고 있었습니다. 그런데 그 모습이 어찌나 날렵한지, 마치 큰 가마솥을 장난감처럼 가지고 노는 것처럼 보였습니다.

"별일도 다 있구나. 가냘픈 여인이 저렇게 큰 솥을 장난감 다루듯 하니!"

무휼 왕은 급히 말을 몰아 여인에게로 다가갔습니다. 그러자 여인은

온데간데없이 사라졌습니다. 여인이 있던 곳에는 커다란 가마솥만 덩그러니 남아 있었습니다.

"참으로 신기한 일이로구나. 여인은 사라지고 솥만 남다니."

무휼 왕은 내친 김에 군사들을 쉬게 하고 솥에 밥을 짓게 했습니다. 그러자 신기한 일이 일어났습니다. 불을 때기도 전에 솥에서 김이 모락모락 나는 것이었습니다. 솥뚜껑을 열자 먹음직스러운 밥이 솥 안에 가득했습니다.

"정말 신기한 솥이로구나. 불을 때지 않아도 저절로 밥이 되다니."

무휼 왕은 하늘이 주신 선물이라고 생각했습니다.

그때 건장한 사내가 다가오며 말했습니다.

"이 솥은 저희 집에서 쓰는 밥솥입니다. 제 누이가 잃어버렸는데 대왕께서 얻으셨으니, 제게 솥을 지고 다니면서 병사들의 밥을 짓도록 허락해 주십시오."

무휼 왕은 기뻐했습니다.

"신기한 가마솥 덕분에 불을 때지 않고도 밥을 지을 수 있게 되었는데, 이제 솥 주인이 나타나 나를 따르겠다니 이 얼마나 기쁜 일인가."

무휼 왕은 사내에게 '부정(負鼎)'이라는 성을 내려 주었습니다.

> 고구려에서는 일찍부터 성을 사용했습니다. 고구려 건국 설화를 보면 추모(동명성왕)가 졸본으로 가는 도중에 만난 재사에게 극 씨, 무골에게 중실 씨, 묵거에게는 소실 씨의 성을 내렸다는 기록이 있습니다. 성을 내려 주었다는 것은 주군과 신하의 관계를 맺었다는 뜻입니다.
>
> 부정 씨 역시도 무휼 왕의 신하가 되었습니다. 부정 씨가 어떤 인물이었는지, 짧은 기록만으로는 알 수 없습니다. 하지만 솥, 밥 등의 낱말이 가지고 있는 고유 의미를 생각해 볼 때, 부정 씨는 고구려군에게 많은 식량을 대 줄 수 있는 능력을 가진 세력가였을 것입니다.

무휼 왕의 기쁨은 거기서 그치지 않았습니다.

고구려군이 '이물림'이라는 곳에서 야영을 할 때였습니다.

"챙, 채앵……."

한밤중에 이상한 소리가 들려왔습니다. 창과 칼이 부딪칠 때 나는 날카로운 쇳소리 같았습니다.

"이게 무슨 소리냐?"

잠에서 깬 무휼 왕은 군사를 불러 물었습니다.

"저희들도 잘 모르겠습니다."

"산골짜기에서 나는 소리 같습니다."

군사들도 이상한 소리에 놀라 잠에서 깼습니다.

"챙, 채앵."

쇳소리는 그치지 않고 밤새도록 들렸습니다.

"참으로 이상한 일도 다 있구나!"

날이 밝았습니다. 무휼 왕은 군사들을 데리고 소리가 난 곳을 찾아 나섰습니다. 골짜기 구석구석을 샅샅이 뒤졌습니다.

"대왕, 저기를 보십시오!"

군사들이 골짜기 한 곳을 가리켰습니다. 그곳에는 칼과 창 등 무기가 한가득 쌓여 있었습니다.

"밤새 들린 쇳소리는 이 창과 칼들이 부딪치는 소리였단 말인가?"

무휼 왕은 어안이 벙벙했습니다.

장수 하나가 말했습니다.

"하늘이 대왕께 내리는 선물입니다. 어서 절을 올리고 거두어들이십시오."

무휼 왕은 하늘을 향해 절을 한 뒤 무기를 군사들에게 나누어 주었습니다.

"하늘이 우리 대왕을 도우신다."

"부여를 치라는 하늘의 계시야."

무기를 얻은 군사들은 기뻐하며 좋아했습니다.

그때 건장한 사내 하나가 나타났습니다. 얼굴색은 하얗고 키는 9척이나 되었습니다. 부리부리한 눈에서는 빛이 났습니다. 사내는 넙죽 절을 하며 말했습니다.

"저는 북명에 사는 괴유라고 합니다. 대왕을 따르게 허락해 주신다면, 반드시 제 손으로 부여 왕의 머리를 베겠습니다."

무휼 왕은 기뻐하며 괴유를 신하로 받아들였습니다.

척(尺)은 길이의 단위로 1m의 1/3에 해당합니다. 실제 이 길이대로 환산하면 괴유는 키가 3m에 이르는 거인입니다. 괴유의 키가 큰 것을 과장해서 표현한 것으로 보입니다. 키가 크고 하얀 피부와 광채가 나는 눈 등의 기록으로 볼 때 괴유는 외국인, 즉 중앙아

◐ 각저총 벽화 씨름하는 사람들

시아 지역에서 온 백인이었을 것이라는 추측이 가능합니다. 고구려 고분벽화에서 씨름하는 사람들을 보면 코가 큰 외국인의 모습이 보입니다. 이들 역시 중앙아시아 계열의 백인으로 보입니다. 고구려인들은 일찍부터 다른 민족을 배척하지 않고 받아들였습니다. 이런 포용력은 고구려가 제국으로 발돋움하는 데 큰 힘이 되었습니다.

이번에는 긴 창을 든 자가 나타나 절을 하며 말했습니다.

"저는 마로라고 합니다. 제가 길을 잘 알고 있으니 부여로 가는 길을 안내하겠습니다."

무휼 왕은 크게 기뻐하며 마로를 길잡이로 삼았습니다.

"좋은 일만 생기는군!"

"우리 대왕은 덕이 많아서 하늘이 도우시는 거야."

고구려군의 사기는 하늘을 찌를 듯이 높아만 갔습니다.

고대사회에서는 한 나라의 운명조차도 하늘의 뜻에 의해 좌우된다고 믿었습니다. 더구나 왕을 절대적인 지배자로 생각했기 때문에 어떠한 사건을 기록할 때, 본뜻을 숨기고 뼈대만 슬쩍 드러내어 자연의 변화에 빗대어 묘사하는 표현 방법을 쓰곤 했습니다.

그렇다면 무휼 왕이 하늘의 뜻에 의해 무기와 신하들을 얻었다는 내용은, 국내에서 부여로 가는 도중에 크고 작은 세력들을 흡수한 정치적 사건들로 볼 수 있을 것입니다. 고구려군이 비류수를 지났다는 기록만 보더라도, 당시 고구려의 수도였던 국내가 비류수 근처인 졸본 일대보다 동쪽이기에, 고구려는 부여를 향해 바로 북진한 것이 아니라 상당히 돌아서 간 것임을 알 수 있습니다. 무기를 얻을 수 있는 세력이라면 쇠를 다루는 집단이거나 광산을 주축으로 세를 이룬 집단일 수도 있습니다. 당시에 식량과 철은 전쟁뿐만 아니라 한 나라의 경제를 좌우하는 중요한 요소였습니다. 무휼 왕이 그런 세력들을 흡수할 수 있었다는 것은, 당시 무휼 왕의 통치력이 지방에까지 두루 미치고 있었음을 말해 주는 것이라고 볼 수 있습니다.

이듬해 2월, 고구려군은 부여의 국경 남쪽 지역에 이르렀습니다. 두 달여의 긴 행군 끝이었습니다. 하지만 주위는 온통 진흙투성이인 진창 들판이었습니다. 길을 모르고 잘못 들어섰다가는 진창에 빠져 옴짝달

시아 지역에서 온 백인이었을 것이라는 추측이 가능합니다. 고구려 고분벽화에서 씨름하는 사람들을 보면 코가 큰 외국인의 모습이 보입니다. 이들 역시 중앙아시아 계열의 백인으로 보입니다. 고구려인들은 일찍부터 다른 민족을 배척하지 않고 받아들였습니다. 이런 포용력은 고구려가 제국으로 발돋움하는 데 큰 힘이 되었습니다.

이번에는 긴 창을 든 자가 나타나 절을 하며 말했습니다.

"저는 마로라고 합니다. 제가 길을 잘 알고 있으니 부여로 가는 길을 안내하겠습니다."

무휼 왕은 크게 기뻐하며 마로를 길잡이로 삼았습니다.

"좋은 일만 생기는군!"

"우리 대왕은 덕이 많아서 하늘이 도우시는 거야."

고구려군의 사기는 하늘을 찌를 듯이 높아만 갔습니다.

고대사회에서는 한 나라의 운명조차도 하늘의 뜻에 의해 좌우된다고 믿었습니다. 더구나 왕을 절대적인 지배자로 생각했기 때문에 어떠한 사건을 기록할 때, 본뜻을 숨기고 뼈대만 슬쩍 드러내어 자연의 변화에 빗대어 묘사하는 표현 방법을 쓰곤 했습니다.

그렇다면 무휼 왕이 하늘의 뜻에 의해 무기와 신하들을 얻었다는 내용은, 국내에서 부여로 가는 도중에 크고 작은 세력들을 흡수한 정치적 사건들로 볼 수 있을 것입니다. 고구려군이 비류수를 지났다는 기록만 보더라도, 당시 고구려의 수도였던 국내가 비류수 근처인 졸본 일대보다 동쪽이기에, 고구려는 부여를 향해 바로 북진한 것이 아니라 상당히 돌아서 간 것임을 알 수 있습니다. 무기를 얻을 수 있는 세력이라면 쇠를 다루는 집단이거나 광산을 주축으로 세를 이룬 집단일 수도 있습니다. 당시에 식량과 철은 전쟁뿐만 아니라 한 나라의 경제를 좌우하는 중요한 요소였습니다. 무휼 왕이 그런 세력들을 흡수할 수 있었다는 것은, 당시 무휼 왕의 통치력이 지방에까지 두루 미치고 있었음을 말해 주는 것이라고 볼 수 있습니다.

이듬해 2월, 고구려군은 부여의 국경 남쪽 지역에 이르렀습니다. 두 달여의 긴 행군 끝이었습니다. 하지만 주위는 온통 진흙투성이인 진창 들판이었습니다. 길을 모르고 잘못 들어섰다가는 진창에 빠져 옴짝달

싹할 수 없을 정도로 험한 지형이었습니다.

고구려군을 이곳으로 데려온 사람은 마로였습니다.

"진창인 이곳으로 날 데려온 이유가 있을 것 같구나. 이유가 무엇이냐?"

무휼 왕이 묻자 마로가 대답했습니다.

"신의 생각은 대왕께서 이미 꿰뚫어 보고 계실 것이옵니다."

무휼 왕은 말없이 마로를 바라보았습니다. 마로는 무휼 왕과 눈이 마주치자 황망해하며 얼른 고개를 숙였습니다.

무휼 왕은 고개를 끄덕였습니다. 무휼 왕은 선천적으로 타고난 승부사였습니다. 본능으로 전장 상황을 판단할 줄 알았습니다. 그렇기에 어린 나이임에도 학반령 전투에서 큰 승리를 거둘 수 있었습니다.

무휼 왕이 말했습니다.

"마른땅을 골라 진을 쳐라."

고구려군은 진흙 수렁 늪지대 뒤에 마른땅을 골라 진을 쳤습니다.

'감히 넘볼 수 없는 곳이라 여겼던 이 땅을 치러 왔다.'

무휼 왕은 감회가 남달랐습니다. 자신이 서 있는 곳은 부여 땅이었습니다. 대소 왕의 나라이면서 할아버지 동명성왕이 태어나고 자란 곳입니다. 동명성왕은 대소 왕의 위협에서 벗어나기 위해 죽음을 무릅쓰고 이 땅을 빠져나왔습니다. 그 뒤로 대소 왕은 끈질기게 고구려를 괴롭혀 왔습니다.

이제 고구려의 숙적인 부여를 치고, 할아버지를 핍박한 대소 왕을 벌할 것이라 생각하니 가슴이 벅차올랐습니다.

무휼 왕은 하늘을 우러러보며 한쪽 무릎을 꿇었습니다.

"하늘이시여, 제게 힘을 주시옵소서."

휘이잉……. 한 줄기 찬 바람이 무휼 왕의 뺨을 훑고 지나갔습니다.

대소 왕의 목을 베고

"뭐야? 감히 고구려군이?"

대소 왕은 자신의 귀를 의심했습니다. 고구려군이 국경을 넘어왔다는 말이 믿어지지 않았습니다. 고구려는 아직 부여의 상대가 되지 못했습니다. 더구나 고구려군이 먼 길을 달려와 부여를 공격할 것이라고는 상상도 못했던 일입니다.

"정말, 사실이냐?"

대소 왕은 신하에게 따지듯 물었습니다.

"예, 고구려군은 국경 부근에 진을 쳤습니다."

그제야 안심이 되는 듯, 대소 왕은 회심의 미소를 지었습니다.

"울고 싶었는데 뺨을 때려 주는군!"

그렇지 않아도 대소 왕은 고구려를 공격할 참이었습니다. 지난번에 머리가 둘 달린 까마귀를 고구려에 보낸 것은 일종의 선전포고였습니다. 그런 참에 고구려가 먼저 공격을 해 온 것입니다.

"손도 안 대고 코를 풀게 생겼구나! 호랑이 굴에 제 발로 기어 들어오다니!"

대소 왕은 주먹을 움켜쥐었습니다. 자신이 넘쳐 보였습니다.

"하늘이 나에게 기회를 주셨구나!"

대소 왕은 대군을 이끌고 고구려군 진영이 있는 곳으로 달려갔습니다.

"으핫하하!"

대소 왕은 건너편의 고구려군 진영을 보며 크게 웃었습니다.

"역시 어린아이라 어쩔 수 없군!"

고구려군 진영은 허술하기 짝이 없었습니다. 얼기설기 대충 쳐 놓은 막사들은 한눈에 보기에도 영 아니었습니다. 더구나 고구려군은 경계병도 세우지 않은 채 깊은 휴식에 빠져 있었습니다.

"먼 길을 달려왔으니 지칠 만도 하지!"

대소 왕은 마음이 급해졌습니다. 이럴 때 고구려군을 기습하면 승리는 거저 얻는 것이나 다름없었습니다.

"하늘이 나를 돕는구나."

하늘을 향해 감사 기도라도 올리고 싶은 심정이었습니다. 전날의 패배를 설욕하고 무휼 왕을 사로잡을 수 있는 기회라고 생각하니 마음이 들떴습니다.

"적이 방심하고 있으니 정면을 치고 들어간다."

대소 왕의 말에 장수 하나가 나섰습니다.

"그러자면 진흙 수렁을 건너야만 합니다."

"이곳 지형을 내가 모를 리 있나? 그렇게 대단한 진흙 수렁은 아니야. 적이 방심하고 있는데 이보다 더 좋은 기회가 어디 있겠는가?"

대소 왕은 장수를 꾸짖고는 명령을 내렸습니다.

"공격하라!"

"와아아……!"

부여군은 함성을 지르며 고구려 진영을 향해 내달렸습니다. 말발굽 소리에 뒤엉켜 희뿌연 흙먼지가 천지를 뒤덮었습니다.

대소 왕은 선두에 서서 말을 몰았습니다. 팔십을 훌쩍 넘긴 고령이었지만 아직 정정했습니다.

"이미 이긴 싸움이다!"

뒷짐만 쥐고 구경하기엔 너무도 아까운 기회였습니다.

"이럇!"

대소 왕은 말을 재촉했습니다. 마음이 급해 한시도 지체할 수 없었습니다. 이것은 대소 왕의 큰 실수였습니다. 진흙 수렁 한가운데로 들어가자 말과 병사들이 푹푹 빠져 들었습니다. 대소 왕이 생각했던 것보다 진흙 수렁은 훨씬 넓고 깊었습니다.

"아앗! 바닥이 너무 깊습니다!"

"앞으로 나갈 수도 뒤로 물러설 수도 없습니다!"

"말들이 움직이지 못합니다."

당황하기는 대소 왕도 마찬가지였습니다.

"이, 이럴 리가 없는데……?"

순간, 대소 왕의 얼굴에서 핏기가 사라졌습니다.

'불길하다!'

대소 왕의 예감은 들어맞았습니다. 무휼 왕의 계략에 빠진 것입니다.

서기전 6년, 대소 왕은 5만의 군사를 거느리고 고구려를 공격했습니다. 하지만 혹독한 추위로 대부분의 군사가 눈 속에서 얼어 죽는 바람에, 부여군은 싸워 보지도 못하고 물러서야만 했습니다. 무휼 왕이 태어나기도 전의 일이었습니다. 무휼 왕은 당시의 일을 잘 알고 있었습니다. 대소 왕이 병법에 밝지 못하고 성미가 급하다고 판단한 무휼 왕은 진창을 더 넓게 파서 함정을 만들었습니다. 그리고 진흙 수렁 뒤편에 마른땅을 골라 진을 치고 부여군을 유인했던 것입니다.

부여군은 수렁에 빠져서 허우적거렸습니다. 앞으로 나가지도 못하고, 뒤로 물러서지도 못하는 진퇴양난의 위기에 처했습니다. 그때,

"슈우웅!"

"쉬이익!"

고구려군 진영에서 화살이 날아들었습니다. 방심하고 있는 것처럼 보였지만 사실 고구려군은 전투태세를 갖추고 있었습니다. 덫을 놓고 부여군이 걸리기만 기다리고 있었던 것입니다.

한여름 소나기처럼 부여군의 머리 위로 화살이 쏟아져 내렸습니다. 꼼짝달싹하지 못하는 부여군은 화살을 고스란히 몸으로 받아 내야만 했습니다. 순식간에 많은 군사가 쓰러졌습니다.

"속았다!"

그제야 대소 왕은 함정에 빠진 것을 알았습니다. 무휼 왕은 나이는 어렸지만 전투 경험은 풍부했습니다. 때를 놓치지 않았습니다.

"공격!"

무휼 왕은 공격 명령을 내렸습니다.

"와아아!"

이번에는 고구려군이 함성을 지르며 내달았습니다. 신기하게도 고구

려군은 수렁에 빠지지 않았습니다. 요리조리 내달리며 부여군을 공격했습니다. 그전에 이미 공격할 수 있는 길을 만들어 두었던 것입니다.

"마로를 얻은 건 천운이다!"

무휼 왕은 적과 뒤엉켜 싸우고 있는 마로를 보며 미소를 지었습니다. 이번 작전은 길잡이 마로가 있었기에 가능했습니다.

마로의 긴 창이 허공을 가를 때마다 부여군의 목이 달아났습니다. 마로는 길만 잘 아는 것이 아니라 용맹한 전사였습니다.

"이놈들. 내 칼을 받아라!"

한쪽에서 우렁찬 고함이 들렸습니다. 무휼 왕은 소리가 나는 쪽을 바라보았습니다. 괴유였습니다. 산만 한 덩치의 괴유가 부여군 사이를 헤집고 다니고 있었습니다. 부여군은 괴유가 내지르는 호통 소리만 들어도 기겁을 했습니다.

무휼 왕은 말없이 고개를 끄덕였습니다. 무휼 왕은 괴유를 장수로

임명하고 군사를 맡겼습니다. 괴유를 처음 본 순간부터 믿음이 갔기 때문입니다. 괴유는 무휼 왕의 믿음에 보답하듯 뛰어난 통솔력으로 군사들을 이끌며 선두에 나서서 싸웠습니다.

 수렁에서 허우적거리는 부여군과 달리 고구려군은 펄펄 날았습니다. 고구려군은 미로와도 같은 길을 따라다니며 부여군을 공격했습니다. 찌르고 베는 고구려군의 날랜 공격 앞에서 부여군은 속수무책이었습니다. 부여군의 시체는 점점 쌓여 갔습니다.

"이, 이럴 수가!"

대소 왕은 할 말을 잃었습니다. 이렇게 기막힌 일이 벌어질 줄은 상상도 하지 못했습니다.

"내 땅에서 어린놈에게 농락을 당하다니!"

대소 왕은 분함을 가누지 못했습니다. 몸이 부들부들 떨렸습니다. 이미 온몸은 땀과 진흙으로 범벅이 되었고, 수염은 물론 눈썹까지도 진흙이 덕지덕지 엉겨 붙어 있었습니다. 군사 대국 부여 왕의 모습치고는 영 볼품이 없었습니다. 하지만 어떻게 손을 써 볼 방법조차도 없었습니다. 대소 왕은 더 분통이 터졌습니다.

그때 한 청년이 눈에 띄었습니다. 청년은 멀리서 자신을 빤히 보고 있었습니다. 얼핏 보기에도 수려하고 기품이 있어 보였습니다. 대소 왕은 눈을 찡그렸습니다. 눈이 부셔서 청년을 똑바로 쳐다볼 수 없었기 때문입니다. 청년을 태운 흰말에서 뿜어져 나오는 광채 때문이었습니다. 눈이 부시도록 새하얀 백마였습니다. 백마를 탄 청년은 붉은 망토를 길게 늘어뜨리고 있었습니다. 대소 왕의 눈엔 검붉은 핏빛처럼 보였습니다. 청년은 당당한 모습으로 고구려군을 지휘하고 있었습니다. 그는 대소 왕을 향해 미소를 지어 보였습니다.

"무……훌!"

대소 왕은 가슴이 철렁 내려앉았습니다. 청년은 무휼 왕이었습니다. 무휼 왕은 예를 갖추며 고개를 숙였습니다. 비록 적이지만 대소 왕은 할아버지 동명성왕과 같은 항렬입니다. 무휼 왕에게 대소 왕은 친척 할아버지뻘이었습니다.

"저, 저 어린것이 감히 날 조롱하다니!"

대소 왕은 버럭 화를 냈습니다. 극한 상황에 처한 대소 왕에게 무휼 왕의 예가 예로 받아들여질 리 없었습니다. 무휼 왕이 자신을 놀린다고 생각하자 더욱더 분통이 터졌습니다.

"이……이……."

대소 왕이 무휼 왕에게 호통을 치려고 했습니다. 고함이 목을 지나 입 밖으로 튀어나오는 순간, 더 큰 호통이 벼락처럼 대소 왕의 귓전에 떨어졌습니다.

"이 괴유가 대왕께 한 약속을 지킬 것이다!"

거한 하나가 고함을 지르며 달려오고 있었습니다.

대소 왕은 순간, 기가 질려 버렸습니다. 마치 태산이 자신을 향해 달려오는 것 같았습니다. 태산 앞에 선 자신이 한없이 작고 초라하게만 느껴졌습니다. 하지만 대소 왕도 산전수전 다 겪은 백전노장이었습니다. 그 찰나의 순간에도 태산의 실체를 확인하는 것을 잊지 않았습니다. 고구려 장수였습니다. 얼굴은 눈처럼 희고, 부리부리한 눈에서는 빛이 쏟아져 나왔습니다. 바로 그 순간, 장수의 칼날이 번뜩였습니다.

"헉!"

대소 왕은 외마디 비명을 질렀습니다. 대소 왕이 남긴 마지막 말이었습니다. 괴유는 대소 왕이 이승에서 본 마지막 사람이었습니다. 대소 왕은 미처 고통을 느낄 새도 없이 괴유의 칼날에 목이 잘렸습니다.

괴유는 큰 소리로 외쳤습니다.

"대소의 목을 베었다!"

부여 왕 대소의 죽음! 고구려와 오랜 원한 관계에 있던 대소 왕이 죽었습니다. 대소 왕은 자신이 그토록 죽이려고 애썼던 추모, 즉 동명성왕의 손자에게 죽임을 당한 것입니다. 참으로 기구한 운명입니다.

뒤바뀐 전세

"대왕께서 돌아가셨다!"

갈팡질팡하던 부여군은 왕을 잃자 더 흔들렸습니다. 이제 고구려군의 승리는 눈앞에 다가온 듯했습니다.

하지만 '위기는 기회'라는 말이 있습니다.

"대왕의 죽음을 헛되게 할 수 없다!"

"목숨을 바쳐 대왕의 복수를 하자!"

"고구려군에 맞서자!"

역시 부여군은 강했습니다. 평소에 훈련이 잘된 군사들은 긴박한 상황에서도 전열을 가다듬었습니다. 그리고 반격을 시작했습니다.

"반격하라!"

"와아아!"

부여군의 함성이 드높아졌습니다. 조금 전까지 갈팡질팡하던 오합지졸의 모습이 아니었습니다. 부여군은 일사불란하게 대형을 갖추며 대항했습니다.

"시체를 밟고 올라서라!"

"수렁을 벗어나야 한다!"

부여군은 차츰 수렁에서 빠져나왔습니다.

좁은 장소에서 맞붙어 싸울 땐 군사의 수가 많은 편이 유리한 법입니다. 고구려군은 부여군에 비해 군사의 수가 적었습니다. 차츰 고구려군이 밀리기 시작했습니다. 독이 오를 대로 오른 부여군은 죽을 각오를 하고 덤볐습니다. 부여군의 드센 공세에 고구려군은 계속 밀렸습니다. 시간이 갈수록 고구려군의 사상자는 늘어만 갔습니다.

"밀리지 마라!"

"죽을 각오를 하고 싸워라!"

고구려군은 안간힘을 다했습니다. 하지만 부여군은 봇물 터진 것처럼 밀려들었습니다. 고구려군은 거칠게 공격하는 부여군을 막을 길이 없었습니다. 그 와중에 길잡이 역할을 했던 마로는 죽었고, 괴유도 부상을 입었습니다.

"밀어붙여라!"

"고구려군이 흔들리고 있다!"

부여군은 점점 더 거칠게 고구려군을 밀어붙였습니다.

"후퇴하라!"

마침내 무휼 왕의 입에서 후퇴 명령이 떨어졌습니다. 전세는 완전히 뒤바뀌었습니다. 이번엔 고구려군이 우왕좌왕하며 도망가기에 바빴습니다.

"고구려 놈들을 한 놈도 살려 보내지 마라!"

"대왕의 원수를 갚자!"

부여군은 도망가는 고구려군의 뒤를 바짝 따라붙었습니다.

> 고대 전쟁사를 보면, 전투 도중에 왕이 죽으면 대부분 패배로 끝이 납니다. 군대를 지휘하던 왕이 죽는 순간에 지휘 체계가 무너져 버리기 때문입니다. 그러나 부여군의 경우는 달랐습니다. 오히려 대소 왕이 죽은 뒤에 더 힘을 발휘해 전세를 뒤집었습니다. 참으로 보기 드문 예입니다. 지휘관을 잃고 나서 수만 명의 군사가 더 일사불란하게 움직일 수 있었다는 사실이 오히려 믿어지지 않을 정도입니다. 당시 대소 왕이 80세를 훨씬 넘긴 나이였기에, 그즈음에 왕의 권한이 어느 정도 분산되었다는 추측이 가능합니다. 대소 왕이 죽은 뒤에 누군가가 지휘권을 넘겨받았거나 처음부터 지휘를 나누어서 했거나, 아니면 누군가가 이미 지휘권을 가지고 있었다고도 볼 수 있습니다.

부여군은 고구려군을 겹겹이 에워쌌습니다.

"적의 포위망을 뚫어라!"

괴유는 몸을 사리지 않았습니다. 심한 부상을 입었지만 맨 앞에 나서서 싸웠습니다. 하지만 부여군의 드센 공세를 당해 낼 재간이 없었습니다. 많은 고구려 군사가 목숨을 잃었습니다. 괴유도 더 심하게 부상을 입었습니다.

시시각각 상황은 급박해졌습니다. 부여군의 공세는 점점 거세졌습니다. 고구려군은 독 안에 든 쥐 신세가 되고 말았습니다.

"고구려군이 빠져나갈 구멍은 없다!"

"한 놈도 남기지 않겠다!"

부여군은 기세가 등등했습니다. 쥐덫에 걸린 들쥐를 노리는 오소리처럼 한 발 한 발 다가서며 고구려군을 옥죄었습니다.

"부여군이 밀려온다!"

"이제 우린 다 죽었다!"

죽음 앞에 서면 겁부터 나는 법입니다. 고구려군은 오들오들 떨었습니다. 용맹했던 고구려군의 모습은 찾아 볼 수 없었습니다.

"두두둥둥……."

"와아아아……!"

북소리와 고함 소리가 사방에서 들려왔습니다. 고구려군의 코앞에까지 몰려온 부여군이 북을 치며 소리를 질러 댔습니다. 고구려군의 심기를 흩뜨리기 위한 심리 전술이었습니다.

고구려군은 완전히 겁에 질렸습니다. 이미 싸울 의욕도 잃어버렸습니다. 어찌할 바를 모르고 허둥대기만 했습니다.

"끝났다!"

무휼 왕은 패배를 시인했습니다. 완벽한 패배였습니다.

"이제 고구려의 운명은 어찌 될 것인가!"

할아버지 동명성왕이 세우고, 아버지 유리명왕이 이루어 놓은 고구려가 자신의 대에서 스러진다고 생각하니 슬픔이 복받쳤습니다.

"아, 하늘이시여!"

무휼 왕은 하늘을 우러러보며 탄식을 했습니다.

"하늘이시여. 저를 도와주시옵소서."

너무도 다급한 나머지 자신도 모르게 소원을 빌었습니다. 그러자 신기한 일이 일어났습니다.

휘스스스…….

갑자기 짙은 안개가 끼더니 순식간에 하늘과 땅을 뒤덮었습니다. 한 치 앞도 보이지 않을 정도로 짙은 안개였습니다. 거짓말처럼 순식간에 벌어진 일이었습니다.

"멈춰! 앞이 보이지 않는다!"

"모두 물러서!"

포위망을 좁히던 부여군도 주춤할 수밖에 없었습니다. 앞이 전혀 보이지 않았습니다. 그런 상황에서 고구려군을 공격하는 것은 부여군에게도 극히 위험한 일이었습니다.

"지독한 안개야!"

"발밑도 보이지 않아!"

부여군은 공격을 멈추었습니다.

짙은 안개 덕분에 고구려군은 위기를 넘길 수 있었습니다. 일주일이 지나도 안개는 걷히지 않았습니다. 무휼 왕은 하늘이 준 기회라고 생각했습니다.

"하늘이 우리를 도우셨다. 빨리 허수아비를 만들어라."

군사들은 빠른 손놀림으로 짚을 꼬아 허수아비를 만들었습니다. 그리고 그것들을 고구려 진영 곳곳에 세워 놓고 무기를 들려 놓았습니다. 짙은 안개 사이로 희미하게 보이는 허수아비는 영락없이 고구려 군사의 모습처럼 보였습니다.

"이제 조용히 진영을 빠져나가자. 말과 식량은 내버려 두고 몸만 빠져나간다."

무휼 왕의 말에 따라 군사들이 움직이기 시작했습니다.

무휼 왕은 거루의 목을 끌어안고 말했습니다.

"거루, 미안하다. 너를 버리고 가는 내 마음도 아프구나."

무휼 왕은 거루를 두고 가야만 했습니다. 몸만 빠져나가기도 버거운데, 말까지 데리고 갈 수 없었습니다. 전장을 누비며 생사를 같이했던 거루를 두고 가려니 차마 발걸음이 떨어지지 않았습니다. 무휼 왕의 마음을 아는지 거루도 큰 눈을 껌뻑이며 헤어짐을 슬퍼했습니다.

"자, 안개가 걷히기 전에 서둘러야 한다!"

무휼 왕은 군사들의 발길을 재촉했습니다.

휘스스스…….

"안개가 걷힌다!"

부여군은 재빠르게 공격대형을 갖추었습니다. 희미하게 고구려군 진영이 드러나 보였습니다. 희미하게 보이긴 해도 달라진 건 없어 보였습니다. 말 울음소리도 여전했습니다.

"공격!"

"와아아……!"

부여군은 맹렬한 기세로 고구려군 진영을 향해 쳐들어갔습니다.

"이, 이게 뭐야?"

"허수아비잖아?"

고구려군 진영은 텅텅 비어 있었습니다. 이미 고구려군은 사잇길을 통해 부여군의 포위망을 빠져나간 뒤였습니다.

"다 잡은 걸 놓치다니!"

"고구려군의 위장술에 당했다!"

부여군은 발만 동동 굴렀습니다.

고구려군은 가까스로 부여를 빠져나왔습니다. 몸만 겨우 빠져나오느라 무기와 말을 챙길 겨를도 없었습니다. 그 난리 통에 저절로 밥이 되는 솥도 잃어버렸습니다. 고구려군은 주린 배를 움켜쥐어야만 했습니다.

저절로 밥이 되는 솥을 잃어버렸다는 기록은 곧 식량을 모두 잃어버렸다는 사실을 비유한 것으로 보입니다. '이물림에 이르러 굶주린 군사들이 움직이지 못하자 들짐승을 잡아 군사들을 먹였다.'는 기록은 이런 추론을 가능하게 합니다.

잃은 것과 얻은 것

고구려로 돌아온 무휼 왕은 동명성왕의 사당을 찾아 예를 올렸습니다.

"비록 부여의 왕은 죽였으나 부여를 정복하지 못했으니, 우리가 패한 것입니다. 또한 군사와 물자를 많이 잃었으니, 이 모든 것은 저의 덕이 부족하기 때문입니다."

무휼 왕은 전쟁에서 패한 원인을 자신의 탓으로 돌렸습니다. 그리고 백성들에게 사죄했습니다. 무휼 왕의 진심을 안 백성들은 오히려 무휼 왕을 칭찬했습니다.

"우리 대왕은 정말 뛰어난 분이야!"

"암! 용맹한 왕은 많지만 자신의 잘못을 인정하는 왕은 드물지!"

"대소 왕을 죽인 것만도 대단하지 않아?"

"암! 한 번의 패배로 기죽을 거 없지."

무휼 왕은 전쟁에서 죽은 군사들의 제사를 지내 주고, 부상당한 군사들을 찾아다니며 고통을 함께 나누었습니다.

"자, 다시 일어서는 거야!"

"우리는 자랑스러운 고구려 백성이야!"

전쟁에서 지고 나면 가장 먼저 민심이 흉흉해지는 법입니다. 하지만 고구려 백성들은 무휼 왕을 예전보다도 더 믿고 따랐습니다.

> 무휼 왕은 전쟁 전문가인 동시에 뛰어난 지도자였습니다. 백성들의 마음을 읽을 줄 알았고, 다스릴 줄도 알았습니다. 예나 지금이나 현명한 지도자는 민심을 잃지 않아야 합니다. 무휼 왕은 비록 전쟁에서는 졌지만 민심은 잃지 않았습니다. 그만큼 뛰어난 지도자였습니다.

또 하나, 기적 같은 일이 일어났습니다.

"거루가 돌아왔다고?"

지난달, 부여에서 잃어버린 신마 거루가 돌아온 것입니다. 무휼 왕은 크게 기뻐했습니다. 거루가 돌아왔다는 학반령 아래 계곡으로 말을 몰았습니다. 정말로 거루가 있었습니다.

"거루!"

무휼 왕은 한걸음에 달려가 거루의 목을 끌어안았습니다.

그동안 무휼 왕은 거루 생각을 할 때마다 가슴이 저려 왔습니다. 적지에 버려두고 왔기에 그 애틋함이 더했습니다. 그런데 거루가 제 발로 주인을 찾아온 것입니다. 그 먼 거리를 어떻게 찾아왔을까? 무휼 왕은 거루가 대견하게만 보였습니다.

"히히힝!"

거루도 오랜만에 만난 주인을 반겼습니다. 무휼 왕의 가슴에 연신 머리를 부비며 어리광을 부렸습니다.

"히히힝"

"히히힝"

계곡에 말 울음소리가 가득했습니다. 거루는 혼자 온 게 아니었습니다. 부여에서 말 백 필을 이끌고 돌아왔습니다. 역시 거루는 신마, 하늘이 무휼 왕에게 내려 준 말이었습니다. 더구나 학반령 계곡은 무휼 왕이 예전에 부여군을 몰살시키며 큰 승리를 거둔 곳입니다.

무휼 왕의 기쁨은 이루 말할 수 없었습니다.

한편, 부여는 혼란에 빠졌습니다. 전쟁에서 이기기는 했지만 왕이 죽은 탓에 왕위를 놓고 내분이 생긴 것입니다. 대소 왕의 동생들은 서로 왕이 되려고 다투었습니다. 이 치열한 다툼에서 밀려난 대소 왕의 막내 동생은 부여를 떠나 발해만 근처에 나라를 세우고, 나라 이름을 '갈사부여'라고 했습니다. 그러자 대소 왕의 사촌 동생은 부여의 백성

1만여 명을 데리고 고구려에 귀순했습니다.

"대소 왕이 죽고 나라가 어수선한데, 왕의 아우는 몰래 도망쳐 갈사수에 도읍을 정하였습니다. 저 역시 어리석어서 나라를 되살릴 수 없어 찾아왔으니 저를 거두어 주십시오."

무휼 왕은 대소 왕의 사촌 동생에게 왕의 지위를 주고, 등에 힘줄 무늬가 있다 하여 낙 씨 성을 주었습니다. 지방 통치 조직에 1만여 명을 거느린 소국의 왕을 봉할 정도로 무휼 왕의 지위는 한층 높은 대왕이었습니다.

그즈음, 무휼 왕에게 큰 근심이 있었습니다. 부여 원정에서 부상을 당한 괴유가 끝내 일어나지 못했던 것입니다.

무휼 왕은 괴유를 찾아가 위문했습니다. 괴유는 감격해서 눈물을 흘리며 말했습니다.

"대왕의 은혜는 제가 죽어서라도 꼭 보답할 것입니다."

"괴유 장군, 그게 무슨 소리요? 빨리 일어나 고구려의 선봉장이 되어 주시오."

그러나 무휼 왕의 간절한 바람도 멀리한 채, 그해 10월에 괴유는 눈을 감았습니다.

무휼 왕은 괴유의 죽음을 슬퍼하며 북명산 남쪽에서 장례를 치르고,

사당을 지어 주어 철마다 제사를 지내게 했습니다.

"아까운 괴유가 죽었구나!"

무휼 왕은 괴유의 죽음을 두고두고 아쉬워했습니다. 그만큼 괴유에 대한 믿음이 컸기 때문입니다. 고구려의 영토를 넓혀 나가는 데 괴유와 같은 용맹한 장수가 꼭 필요했습니다.

하지만 잃는 것이 있으면 얻는 것도 있게 마련입니다. 무휼 왕에게 큰 힘을 보태 준 인물이 있었습니다. 바로 재상 을두지입니다.

> 을두지라는 이름이 보인 것은 "서기 25년(대무신왕 8년) 2월에 을두지를 우보로 삼고 군사와 국정에 관한 일을 맡겼다."는 삼국사기의 기록에서부터입니다. 을두지의 신상에 관한 자세한 기록은 없습니다. 다만, 뒤에 고구려 제9대 왕인 고국천왕 대에 명재상으로 이름을 떨친 을파소가 '유리명왕의 대신이었던 을소의 자손'이라는 기록으로 보아 을두지는 을소 가문의 한 사람으로 보입니다. 따라서 을두지는 상당히 세력 있는 명문 귀족의 한 사람이었을 것입니다.
>
> 무휼 왕은 좌보와 우보, 양 재상을 두었습니다. 이것은 효율적인 지배 체제를 통해 왕권을 강화하기 위한 제도입니다. 조정의 권력이 한쪽으로 쏠리는 것을 막고 균형을 이루기 위한 것으로, 조선시대에 좌의정과 우의정을 둔 것과 같은 개념의 정치제도입니다.

을두지는 정치뿐 아니라 군사에 관한 일도 맡아보며 무휼 왕을 도왔습니다.

서기 26년(대무신왕 9년) 10월, 무휼 왕은 군사를 이끌고 나가 개마국을 점령했습니다. 개마국이 어디에 있었는지 기록은 남아 있지 않습니다. 지명만으로 볼 때, 지금의 개마고원 부근에 있었던 작은 나라라고 생각할 수도 있습니다.

개마국이 점령되자 개마국의 이웃에 있던 구다국 왕은 두려움을 느꼈습니다.

"이제부터 구다국은 고구려의 신하가 되겠습니다."

구다국 왕은 스스로 무휼 왕을 찾아와 항복했습니다.

고구려의 영토는 점점 더 넓어졌습니다. 그 뒤에는 을두지의 헌신적인 노력이 숨어 있었습니다. 을두지는 전장에 직접 나서는 장수는 아니었지만 뒤에서 참모 역할을 하며 강한 군대를 만들기 위해 최선을 다했습니다.

서기 27년(대무신왕 10년) 정월, 무휼 왕은 우보였던 을두지를 승격시켜 좌보에 임명했습니다. 좌보는 조정 최고의 지위입니다. 무휼 왕은 그만큼 을두지를 믿고 신임했습니다.

후한의 침입

이 무렵, 대륙에서도 큰 변화가 있었습니다. 서기 23년(대무신왕 6년)에 왕망의 신나라가 멸망하고 후한이 들어선 것입니다. 옛 한나라(전한)의 영화를 되찾으려는 후한의 광무제는 주변의 선비족, 흉노족 등과 전쟁을 하며 세력을 넓혀 갔습니다. 그러나 광무제는 늘 불안했습니다. 같은 시기에 영토를 넓혀 나가고 있는 고구려에 두려움을 느꼈기 때문입니다. 광무제는 옛 고조선의 영토였던 요동에 태수를 두었습니다. 그리고 요동 태수에게 고구려를 공격할 것을 명령했습니다.

서기 28년(대무신왕 11년) 7월, 후한의 요동 태수가 수십만 대군을 이끌고 고구려에 침입했습니다. 고구려도 상당한 군사력을 갖추었지만, 군사의 수만 놓고 볼 때 후한군과 비교가 되지 않았습니다.

무휼 왕은 급히 신하들을 불러 모았습니다. 워낙 다급한 상황이었기에 신하들의 의견도 분분했습니다

"우리의 정예군을 앞세워 맞서 싸워야 합니다."

맞서 싸울 것을 주장하는 사람은 우보 송옥구였습니다.

"우리나라는 산세가 험한 곳이 많으니 적을 계곡으로 유인해 기병을 출동시키면 반드시 승리할 것입니다."

무휼 왕은 고개를 끄덕였습니다. 가능성이 있는 말이었습니다. 무휼 왕 자신도 예전에 부여의 대군을 학반령 계곡으로 유인해 몰살시킨 경험이 있었습니다.

그때 좌보 을두지가 말했습니다.

"많은 군사와 맞서 싸워서 이긴다고 해도 우리의 피해는 클 것입니다. 성을 굳게 지키고 적이 스스로 물러가게 하는 것이 현명합니다."

을두지는 맞서 싸우자는 주장 대신 농성전을 주장했습니다.

"무슨 소리요? 적과 맞서 싸워야 하오!"

"질 경우도 생각을 해야 하오."

"왜 진다는 생각부터 하시오?"

"설사 우리가 이긴다고 해도 그 피해는 엄청날 것이오."

신하들의 주장은 둘로 갈려 팽팽하게 대립했습니다. 마지막 결단은 왕의 몫이었습니다. 무휼 왕이 말했습니다.

"병법에 이르기를, 싸우지 않고 적을 물리치는 것이 가장 현명한 승리라고 했소."

결국 무휼 왕은 을두지의 의견에 따랐습니다.

무휼 왕은 신하들과 군사들, 백성들을 이끌고 위나암성으로 들어갔습니다.

위나암성은 고구려의 도성인 국내성을 방어하는 성으로, 서기 3년(유리명왕 22년)에, 유리명왕이 졸본에서 국내로 수도를 옮길 당시 국내성보다도 먼저 쌓은 성입니다. 위나암성은 국내성에서 서북쪽으로 2.5km 떨어진 해발 676m 환도산에 있는 산성으로, 둘레가 7,000m에 이를 정도로 큰 성입니다. 고구려의 도성은 평지에 성이 있고, 그 뒤편에 산성이 있어 서로 짝을 이루는 것이 특징입니다.

○ 위나암성 : 중국 길림성 집안시에 자리한 위나암성. 산성이 있는 산의 이름을 따서 '산성자산성'으로 불렸다가, 산성자산의 이름이 환도산으로 바뀌면서 지금은 '환도산성'으로도 불립니다. 대부분 허물어지고 남측 성벽과 망대 등 일부만 남아 있습니다.

"성문을 닫아라!"

위나암성의 문이 굳게 닫혔습니다.

위나암성은 산 주위의 능선을 따라 빙 둘러 성벽을 쌓은 산성입니다. 국내성과 압록강이 내려다보이기 때문에 적의 움직임을 한눈에 살펴볼 수 있습니다. 일곱 개의 성문이 있지만 지형이 험한 탓에 적이 공격할 수 있는 성문은 남문 한 곳뿐입니다. 땅이 낮은 데다 뒤로 움푹 파이게 성벽을 쌓고 그 사이에 성문을 만들어 놓았기 때문에 성안에서 성문을 공격하는 적군을 쉽게 공격할 수 있는 구조로 되어 있습니다. 무휼 왕은 젊었지만 전투 경험은 풍부했습니다. 천연 요새인 위나암성이야말로 많은 수의 적을 맞아 싸우기에 가장 적합한 장소라고 판단했던 것입니다.

"와아아아……!"

후한의 수십만 대군이 물밀 듯이 밀려왔습니다.

"성문을 열고 나와서 한판 붙어 보자!"

"우리가 두려운가 보구나?"

"쥐새끼처럼 숨어 있기만 할 거냐?"

후한군은 고구려군의 약을 살살 올렸습니다.

군사의 수는 고구려군보다 훨씬 많았지만 위나암성이 워낙 험한 산성인 탓에 쉽게 접근을 하지 못했습니다. 그렇기에 고구려군을 성 밖으로 끌어내려고 별수를 다 썼습니다.

"고구려군은 쥐새끼다!"

"겁쟁이들아, 나와서 붙어 보자!"

후한군의 신경전에 고구려군은 대꾸도 하지 않았습니다. 굳게 닫힌 성문은 열릴 줄 몰랐습니다.

요동 태수도 전장에서 뼈가 굵은 노장이었습니다. 무휼 왕의 전략을 모를 리 없었습니다.

"농성전을 쓰는군! 어디 누가 이기나 해 보자."

후한군은 성 앞에 진을 쳤습니다.

"위나암성은 천연 요새다. 섣부르게 성을 공격했다간 우리도 큰 손실을 입을 것이다. 성안의 양식이 떨어질 때를 기다리면 고구려군이 먼저 지칠 것이다."

묘한 전쟁이었습니다. 수십 일이 지나도록 전투 한 번 벌어지지 않았습니다. 대치 상태가 지루하게 죽 이어졌습니다.

잉어 한 마리로 적군을 물리치다

"난감하군!"

무휼 왕이 중얼거렸습니다. 푸석한 얼굴에 근심이 가득했습니다. 무휼 왕은 점장대에서 적진을 살피고 있었습니다. 점장대는 군사를 지휘하는 지휘소입니다. 높은 언덕 위에 다시 돌을 쌓아 올린 곳이라 적군의 움직임을 손바닥 들여다보듯 한눈에 내려다볼 수 있습니다.

농성전을 펼치면 후한군이 제 풀에 지쳐 물러갈 것이라 생각했습니다. 하지만 상황은 달랐습니다. 날이 갈수록 후한군은 점점 더 포위망을 두텁게 쌓았습니다.

"고구려군은 독 안에 든 쥐다!"

"독 안에 든 쥐새끼가 어디로 가겠어?"

후한군은 여유까지 부렸습니다.

"후후. 이놈들! 슬슬 지치기 시작했을걸?"

요동 태수의 예상은 제대로 들어맞았습니다. 성안의 고구려군이 먼

저 지치기 시작한 것입니다. 식량도 바닥이 드러나기 시작했고, 사기는 땅에 떨어졌습니다. 앞으로 얼마나 더 버틸 수 있을지 몰랐습니다.

"난감하군!"

무휼 왕은 똑같은 말을 되풀이했습니다. 혼잣말로나마 갑갑한 심정을 토해 내고 싶었던 것입니다.

무휼 왕은 주위를 빙 둘러보았습니다. 곳곳에 군사들이 아무렇게나 쓰러져 나뒹굴고 있었습니다. 사기가 떨어지면서 기강도 엉망이 되었습니다. 군사들은 사소한 일로도 짜증을 부리고 다툼을 벌였습니다. 당장에 적군이 쳐들어온다면 성을 고스란히 내주어야 할 판이었습니다.

무휼 왕은 을두지를 불렀습니다.

"우리 군사들은 지쳐 있고 사기도 떨어져 있는데, 적군은 돌아갈 생각을 하지 않으니 큰 걱정이오. 언제까지 이렇게 버틸 수 있을지 모르겠소. 무슨 좋은 방법이 없겠소?"

을두지가 대답했습니다.

"이곳은 암석 지대입니다. 그렇기에 저들은 우리 성안에 물이 귀할 것이라 판단하고 물이 떨어지기를 기다리는 것입니다. 성안에 물과 식량이 넉넉하다는 것을 보여 주면 반드시 돌아갈 것입니다."

실제로 위나암성은 산성이지만 물이 풍부했습니다. 성안에는 산에서 흘러내린 물이 계곡을 따라 흐르고, 우물과 연못뿐 아니라 말에게 먹일 물을 따로 모아 둔 '음마지'도 있습니다. 또 위나암성은 성벽 아래쪽에 배수구가 네 개나 있어, 비가 많이 와서 물이 한꺼번에 불어나도 끄떡없을 정도로 견고하게 만들어졌습니다.

"성의 내부 사정을 모르는 저들이니 그렇게 생각할 수도 있겠군."

무휼 왕은 을두지의 말에 일리가 있다고 생각했습니다.

"어떻게 하면 좋겠소?"

"연못의 잉어를 잡아서 술과 함께 적진에 보내는 것이 좋겠습니다."

무휼 왕은 고개를 끄덕였습니다.

"위나암성에서 사신을 보내왔습니다."

후한군의 진영에 무휼 왕이 보낸 사신이 도착했습니다.

"대왕께서는 비록 적이지만 수고가 많다고 하시며 선물을 보내 위로하라고 하셨습니다."

고구려 사신은 가지고 온 커다란 바구니를 보였습니다.

"그 안에 무엇이 들었는가?"

"성안의 연못에서 잡은 싱싱한 잉어와 새로 빚은 술입니다."

"뭐라고?"

요동 태수의 눈이 동그래졌습니다. 고구려 왕이 보낸 선물이 반가워서가 아니라 놀라운 말을 들었기 때문입니다.

사신은 바구니를 열어 보였습니다. 바구니 안에는 커다란 잉어 한 마리가 눈을 부라리며 펄떡이고 있었습니다.

"……!"

요동 태수의 눈이 더 동그래졌습니다.

'이렇게 큰 잉어가 살 정도로 성안에 물이 넉넉하다는 건가?'

요동 태수는 고민에 빠졌습니다.

'고구려군이 강하다고 해도 물 없이는 싸울 수 없을 거라 생각하고 장기전을 벌였는데……!'

자신의 판단에 혼돈이 생긴 것입니다.

'성안에 물이 넉넉한 이상 쉽게 성을 점령하지 못할 것이다.'

무릎의 맥이 한꺼번에 풀렸습니다.

'앞으로 얼마를 더 버텨야 한단 말인가?'

눈앞이 캄캄해졌습니다. 내색을 하지 않았지만 후한군도 이미 지칠 대로 지쳐 있었습니다.

고구려 사신은 무휼 왕의 편지를 내보였습니다.

"내가 아둔한 탓에 대국의 백만 군사(많음을 과장되게 이른 말)를 이토록 고생시켰으니 선물을 받고 화를 푸시오."

무휼 왕의 편지를 읽은 요동 태수는 마음이 흔들렸습니다.

'고구려 왕의 사과 편지를 받았으니, 일단 체면은 섰다.'

물러갈 명분이 생긴 것입니다. 더 고생을 할 이유가 없었습니다.

'더 버텨 봐야 이긴다는 보장도 없으니 이쯤에서……'

마침내 요동 태수는 결정을 내렸습니다. 을두지의 전략이 맞아떨어진 것입니다.

"잉어를 미끼로 요동 태수의 마음을 흔들어 놓고, 편지로 명분을 세워 주면 요동 태수는 군사를 몰고 되돌아갈 것입니다."

을두지의 말에 따라 무휼 왕은 성안 연못에서 잡은 잉어를 물풀로 싸서 새로 빚은 술과 함께 후한군의 진영으로 보낸 것입니다. 결과는 대성공이었습니다. 요동 태수가 을두지의 심리전에 말려든 것입니다.

요동 태수는 즉시 무휼 왕에게 답장을 보냈습니다.

"우리 황제께서 나를 보내 고구려 왕의 죄를 물으라 하셨으나, 고구려 왕의 언행이 이토록 공손하니 돌아가서 황제께 잘 말씀드리겠소."

후한군은 왔던 길을 되돌아갔습니다.

잉어 한 마리가 후한의 대군을 물리친 것입니다.

무휼 왕의 아들 호동 왕자

"으아앙!"

갓 태어난 아기의 울음소리가 궁궐 복도에 울려 퍼졌습니다. 복도를 서성이던 무휼 왕은 걸음을 멈추었습니다. 고개를 돌려 울음소리가 나는 방을 바라보았습니다. 동시에 방문이 열렸습니다. 아기 울음소리는 더 크게 들려왔습니다. 나이 든 시녀가 방에서 나오며 말했습니다.

"왕자님이시옵니다."

무휼 왕은 고개를 끄덕였습니다. 무표정한 얼굴에 미소가 번졌습니다.

'아들! 나에게도 아들이 생겼구나!'

비록 둘째 왕비가 낳은 아들이지만 무휼 왕에겐 첫아들이었습니다. 무휼 왕의 둘째 왕비는 갈사부여 왕의 손녀입니다. 갈사부여는 대소 왕이 죽은 뒤, 왕실 내분에서 밀려난 대소 왕의 막내 동생이 세운 나라입니다. 갈사부여는 작은 나라였기에 고구려 왕실과 혼인을 맺으며 고

구려의 보호를 받았습니다.

무휼 왕은 예쁘게 생긴 아기를 무척이나 귀여워했습니다. 이름을 '호동'이라고 지었습니다.

어느덧 호동은 청년이 되었습니다.

"참으로 답답하구나. 나라를 위해 한 일이 없으니……."

호동은 초조했습니다. 청년이 되었지만 그때까지 큰 공을 세우지 못했기 때문입니다. 첫째 왕비가 뒤늦게 아들을 낳고 나서부터 호동의 초조함은 더했습니다. 자신은 무휼 왕의 큰아들이지만 둘째 왕비의 몸에서 태어난 서자입니다. 어떻게든 큰 공을 세워 무휼 왕으로부터 인정을 받아야만 했습니다. 하지만 그런 기회는 좀처럼 오지 않았습니다.

호동은 울적한 마음을 달래며 옥저를 돌아보고 있었습니다. 당시 고구려의 동쪽에는 동예와 옥저, 두 나라가 있었습니다. 나라라고는 하지만 부족 연맹체 개념의 작은 나라들로, 고구려 영역에 속하기 전에는 낙랑의 지배를 받았습니다. 함경남도 북부와 함경북도 남부의 해안 지대에 위치한 옥저는 고구려에 생선과 소금 등의 특산물을 바치며 고구려의 보호를 받고 있었습니다.

호동은 옥저를 유람하던 낙랑 왕 최리를 만나게 되었습니다. 최리는 호동에게 말을 건넸습니다.

"고구려의 호동 왕자가 아니신가?"

"그렇습니다만, 누구신지요?"

"나는 낙랑 왕 최리요. 옥저의 경치를 구경하러 온 모양인데, 나와 함께 낙랑에 가지 않겠소? 낙랑의 경치도 여기 못지않다오."

최리는 처음 본 호동에게 친근하게 대했습니다. 호동은 주저했지만 최리의 호의를 받아들여 함께 낙랑으로 갔습니다.

최리는 호동에게 자신의 딸을 소개했습니다.

호동과 최리의 딸 낙랑 공주는 서로에게 호감을 가졌습니다. 두 사람은 자연스럽게 가까워졌고, 얼마 뒤엔 혼인을 하기에 이르렀습니다.

"이제 안심이다!"

최리는 마음을 쓸어내렸습니다. 최리가 호동을 낙랑으로 데려온 것은 나름대로 이유가 있었습니다. 한반도 중북부 일대에 위치한 낙랑은 고구려와 국경을 맞대고 있었습니다. 당연히 고구려와 잦은 마찰을 빚을 수밖에 없었습니다. 무휼 왕은 낙랑을 칠 기회를 엿보고 있었습니다. 최리는 수시로 고구려에 첩자를 보내 무휼 왕의 주변을 살피며 고구려의 공격에 대비했습니다. 머지않아 무휼 왕이 낙랑을 공격할 것이라는 정보를 알아낸 최리는 서둘러서 호동을 사위로 삼았습니다. 호동을 사위로 삼으면 무휼 왕의 마음도 변할 것이라고 판단했기 때문입니다.

'후후, 무휼 왕이 설마 사돈의 나라를 공격하려고?'

호동과 낙랑 공주는 꿈같은 시간을 보냈습니다. 하지만 호동은 낙랑에 오래 머물 수 없었습니다.

"집을 떠나온 지 오래되어서 고구려로 돌아가야만 하오."

"저도 함께 가겠어요."

"아버님의 허락도 받지 않고 혼인을 했는데 어떻게 함께 갈 수 있겠소? 아버님의 허락을 받는 대로 데리러 오겠소."

호동은 낙랑 공주를 두고 발길을 돌렸습니다.

호동 왕자와 낙랑 공주

'어쩌면 좋지? 차마 말을 할 수 없으니…….'

고구려에 돌아온 호동은 하루, 또 하루……, 시간만 축내고 있었습니다. 자신을 기다리고 있을 낙랑 공주를 생각하면 한시라도 빨리 무휼 왕의 승낙을 받아야만 했습니다. 하지만 부모의 허락도 없이 제멋대로 혼인을 했다는 사실을 무휼 왕에게 차마 말할 수 없었습니다.

한편, 무휼 왕은 오래전부터 낙랑을 정복하려고 벼르고 있었습니다. 하지만 낙랑에는 적이 쳐들어오면 저절로 소리를 내는 신비한 북과 나팔이 있었습니다.

　"그 신물 때문에 낙랑의 국경을 넘지 못하다니!"

　무휼 왕은 입버릇처럼 말하며 아쉬워했습니다. 낙랑은 무휼 왕에게 반드시 넘어야 할 산과도 같았습니다. 낙랑을 지나지 않고선 낙랑의 이남, 즉 한반도 남한 영역으로 진출할 수 없기 때문이었습니다.

　호동은 깊은 생각에 잠겼습니다.

　'낙랑 정벌에 큰 공을 세우면 아버님도 나를 인정해 주시겠지.'

　"공주님!"

　낙랑 공주에게 사람이 찾아왔습니다. 고구려에서 호동의 편지를 가지고 온 사람이었습니다. 낙랑 공주는 얼른 편지를 열어 보았습니다.

"아직까지 우리가 혼인한 사실을 아버님께 말씀드리지 못했다오. 그러나 그대가 낙랑의 신물인 북과 나팔을 없애 고구려를 돕는다면, 아버님도 우리의 혼인을 인정해 주실 거요. 시간이 없소. 오늘 밤에 북과 나팔을 없애 버리시오."

편지를 쥔 낙랑 공주의 손이 부들부들 떨렸습니다.

"호동 왕자님, 어찌 저에게 이런 가혹한 시련을……!"

말을 채 잇기도 전에 굵은 눈물이 볼을 타고 흘러내렸습니다.

낙랑의 신물인 북과 나팔은 대대로 내려오는, 말 그대로 신기한 보

물입니다. 적군이 쳐들어오면 저절로 소리를 내서 알려 주기 때문에 지금까지 낙랑이 안전할 수 있었던 것입니다.

낙랑 공주는 입술을 꼭 깨물었습니다. 호동의 말을 따르는 것은 아버지와 조국을 배신하는 일이었습니다. 그러나 낙랑 공주는 사랑에 빠져 있었습니다. 호동이 없는 세상은 상상조차 하기 싫었습니다.

　　　　　　누각의 삐죽 솟아 나온 사
　　　　　　방 지붕 한쪽 귀퉁이에 초승달
　　　　　　이 걸려 있었습니다. 망루처럼
　　　　　　높다란 누각은 낙랑에서 가장
　　　　　　신성한 곳입니다. 왕과 제사장
　　　　　　말고는 그 누구의 그림자도 얼씬
　　　　　　하지 못하는 곳입니다.
　　"기이익······."
　　누각을 둘러싼 담장의 문이 열리며 그림자 하나가 길게 드리워졌습니다. 그림자의 주인은 낙랑 공주였습니다. 문을 지키는 군사들이 있었지만 감히 공주를 의심하고 막는 자는 없었습니다.
　　"휴우."
　　낙랑 공주는 크게 숨을 내쉬었습니다. 누각에 와 본 건 처음입니다. 낡은 목조 계단이 누각을 향해 길게 뻗어 있었습니다. 낙랑 공주는 발을 내딛었습니다. 삐꺼억, 계단은 마른 나무가 뒤틀리는 소리를 냈습니다. 낙랑 공주는 한 발 한 발 계단을 내딛었습니다. 자꾸 눈물이 났습니다. 옷소매로 눈물을 훔쳤습니다.

"삐그덕, 삐걱……."

낙랑 공주가 발을 옮길 때마다 계단도 우는 소리를 냈습니다.

높다란 누각 한가운데에 큰 북이 걸려 있었습니다. 그 옆의 작은 탁자 위에는 나팔이 놓여 있었습니다. 낙랑의 보물인 신기한 북과 나팔입니다.

사방이 탁 트인 곳인데도 퀴퀴한 냄새가 났습니다. 천장과 틈새마다 거미들이 온통 줄을 쳐 놓았습니다. 바람이 불 때마다 사방의 거미줄이 춤을 추듯 흐느적거렸습니다.

낙랑 공주는 북을 향해 다가섰습니다. 길게 드리워진 거미줄이 얼굴에 닿아 끈적거렸습니다. 평소 같았으면 놀라서 호들갑을 떨었을 것입니다. 낙랑 공주는 얼굴에 붙은 거미줄을 떼려 하지 않았습니다. 문득 이런 생각이 들었습니다.

'만일 적군이 쳐들어온다면 거미들이 가장 먼저 알게 될 거야. 땅을 타고 전해지는 말발굽 소리에 거미줄이 흔들릴 테니까…….'

그것도 잠시뿐, 생각에 빠져 있을 겨를이 없었습니다. 낙랑 공주는 품에서 단검을 꺼내 들었습니다. 날이 예리하게 선 단검이었습니다. 보기만 해도 섬뜩한 느낌이 들었습니다.

"아버님, 이 불효자식을 용서하세요."

낙랑 공주는 북에 단검을 찔러 넣었습니다. 이미 결심이 섰기에 주저함이 없었습니다. 단검을 쥔 손에 다른 한 손을 보태 힘을 주며 길게 내려 그었습니다.

"부우우우욱……."

북은 배를 갈리며 신음을 토해 냈습니다. 팽팽한 가죽이 찢어지는 소리입니다.

낙랑 공주는 나팔을 집어 들어 바닥에 내던졌습니다. 나팔은 둔탁한 소리를 내며 두 동강이 났습니다.

"아……!"

낙랑 공주는 고개를 돌렸습니다. 자신이 한 짓이 얼마나 엄청난 일인지 잘 알고 있었습니다. 그렇기에 찢어진 북과 깨진 나팔을 똑바로 쳐다볼 수 없었습니다.

낙랑 공주는 힘없이 중얼거렸습니다.

'이제 북과 나팔이 두 번 다시 소리를 낼 일이 없을 거야.'

구름 사이로 초승달이 드러났습니다. 낙랑 공주의 얼굴에 달빛이 얼

비쳤습니다. 낙랑 공주의 얼굴이 땀과 물기에 젖어 번들거렸기 때문입니다.

"큰일 났습니다. 고구려군이 쳐들어왔습니다."

다급한 소리에 놀란 최리는 잠에서 깼습니다.

'꿈을 꾸고 있는 건가?'

그러나 눈앞에서 오들오들 떨고 있는 신하의 모습이 너무도 생생했습니다. 꿈은 아니었습니다. 고구려군이 쳐들어오다니 믿을 수가 없었습니다.

"무슨 소리냐? 북과 나팔이 울리지도 않았는데?"

"북과 나팔은 이미……."

신하의 말이 채 끝나기도 전에 최리는 방문을 박차고 뛰쳐나갔습니다.

"이, 이럴 수가!"

최리는 할 말을 잃었습니다. 찢어진 북과 두 동강이 난 나팔을 보는 순간 온몸의 힘이 빠졌습니다. 다리가 후들후들 떨렸습니다. 누각 기둥에 힘없이 기대어 성 밖을 내려다보았습니다.

"와아아……."

고구려군이 물밀 듯이 밀려오고 있었습니다. 선두에 서서 군사를 지휘하는 호동의 모습이 보였습니다. 낙랑의 군사들은 대항도 못하고 밀리기만 했습니다. 낙랑의 신물인 북과 나팔을 믿고 아무런 방비도 하지 않은 탓입니다.

"무휼에게 오히려 당하다니……!"

분노와 절망감이 한꺼번에 밀려왔습니다. 상황은 이미 돌이킬 수 없는 지경에 처했습니다. 최리는 체념한 듯, 고개를 떨구었습니다.

"내가 어리석었다!"

최리는 호동을 이용해 무휼 왕의 마음을 돌려 보려고 했습니다. 하지만 무휼 왕은 최리의 계략을 꿰뚫어 보고 있었습니다. 오히려 자신의 딸을 이용해 신물을 부수게 해 놓고, 호동을 앞세워 낙랑을 공격한 것입니다.

"영악하고 무자비한 무휼!"

최리는 중얼거리며 고개를 저었습니다.

"나는 딸을 이용했고, 당신은 아들을 이용했군!"

성문이 훨훨 불타고 있었습니다.

"무휼, 당신의 승리요!"

비록 적이지만 뛰어난 전략가에게 보내는 찬사였습니다.

최리는 누각을 내려와 낙랑 공주의 방으로 갔습니다.

"아버님, 소녀를 죽여 주시옵소서."

낙랑 공주는 옷매무새를 고치며 바로 앉았습니다. 최리는 칼을 빼들며 말했습니다.

"이게 어찌 네 잘못이겠느냐?"

낙랑 공주의 눈초리가 가늘게 떨렸습니다.

"너야말로 불쌍하구나. 아비에게 이용당하고 사랑도 이루지 못한 채, 조국을 배신한 죄로 아비 손에 죽어야 하니……."

낙랑 공주는 말없이 눈을 감았습니다.

최리는 칼을 곧추세웠습니다.

"잘 가거라. 이게 네 운명이라면 어쩔 수 없지!"

최리의 칼이 우는 소리를 내며 허공을 갈랐습니다. 낙랑 공주의 가녀린 몸이 힘없이 쓰러졌습니다. 최리는 그 길로 칼을 버리고 나가 항복을 했습니다.

고구려 군사들은 환호를 지르며 기뻐했습니다.

"고구려 만세!"

"호동 왕자님 만세!"

호동은 서둘러 낙랑 공주를 찾았습니다.

"공주!"

호동은 낙랑 공주의 방으로 뛰어 들어갔습니다. 그땐 이미 낙랑 공주의 몸이 싸늘한 시신으로 변한 뒤였습니다.

설화 같은 이 이야기는 삼국사기에 기록되어 있는 내용입니다. 삼국사기는 서기 1145년(고려 인종 23년)에 김부식 등이 신라·고구려·백제 3국의 역사를 중심으로 편찬한 역사서입니다. 당시에 있었던 일들이 오랜 세월을 전해 내려 오면서 변질되었을 수도 있습니다. 그렇기 때문에 기록을 보면 연수에 차이가 나거나, 앞뒤가 맞지 않는 점도 보입니다. 호동과 낙랑 공주의 이야기는 대무신 왕 15년, 즉 무휼이 왕위에 오른 지 15년째 되던 해에 있었던 일로 기록되어 있습니다. 본문에서 호동을 청년으로 표현했지만 기록대로라면 호동의 나이는 기껏해야 10세 전후로밖에 생각할 수 없습니다. 낙랑의 신물인 북과 나팔이 저절로 소리를 냈는지도 확인할 길이 없습니다.

이 부분에서 정말로 중요한 점은, 무엇보다도 순수해야 할 남녀의 사랑이 정략적으로 이용되었고 끝내 비극으로 끝났다는 것입니다. 애틋함과 쓸쓸함이 가시지 않습니다. 호동이 낙랑을 공격하기 위해 최리의 딸을 이용한 것이라고 잘라 말할 수는 없습니다. 하지만 호동에게 낙랑 정벌은 무휼 왕으로부터 자신의 능력을 인정받을 수 있는 확실한 기회였다는 것만은 분명합니다. 뛰어난 전략가인 무휼 왕은 상황을 잘 이용할 줄 알았습니다. 무휼 왕은 호동을 앞세워 낙랑을 공격했습니다. 전부터 낙랑 정벌을 벼르고 있었기에 수단과 방법을 가리지 않았을 것입니다. 고대사회에서 혼인 동맹은 흔한 일이었습니다. 무휼 왕은 그 것을 역이용해, 혼인으로 최리를 안심시켜 놓고 오히려 기습 공격을 했을 가능

> 성도 있습니다. 처절했던 당시의 전쟁 상황을 일부러 빙 돌려서 호동과 낙랑 공주의 사랑 이야기로 꾸며 표현했던 것은 아닐까요?

비극은 여기서 끝나지 않았습니다. 그해 11월에 호동 역시도 슬픈 최후를 맞았습니다.

호동의 죽음

 무휼 왕은 호동을 유난히 아꼈습니다. 호동이 낙랑의 항복을 받아 내자 더욱더 호동을 신임했습니다.
 뒤늦게 아들 해우를 낳은 첫째 왕비는 불안해졌습니다.
 "이러다 호동이 왕위를 물려받는 건 아닐까?"
 왕비는 호동을 모함하기 시작했습니다.
 "호동은 저를 업신여기고 욕보이려고 했습니다."
 "그럴 리가 없소. 호동이 둘째 왕비의 자식이라고 미워하는 것이오?"
 무휼 왕은 왕비의 말을 믿지 않았습니다. 그만큼 호동을 믿기 때문이었습니다. 왕비는 눈물을 흘리며 호소했습니다.
 "제 말을 믿어 주십시오. 만일 제 말이 거짓이라면 어떠한 벌이라도 달게 받겠습니다."
 거듭되는 왕비의 간청에 차츰 무휼 왕도 마음이 흔들리기 시작했습

니다. 마침내 무휼 왕은 호동을 의심해 죄를 물으려 했습니다.

이 사실을 안 신하 하나가 호동을 찾아가 말했습니다.

"왕자님이 억울하게 누명을 썼는데 왜 가만히 계십니까?"

"내가 사실을 밝힌다면 어머님이 죄를 뒤집어쓸 것이오. 그렇게 되면 아버님에게 근심만 안겨 주게 되는 것이니 어찌 효도라 할 수 있겠소?"

말을 마친 호동은 칼을 물고 엎어져 스스로 목숨을 끊었습니다.

그해 12월, 무휼 왕은 해우를 태자로 삼았습니다. 호동이 죽은 지 채 한 달도 지나지 않았을 때입니다. 해우는 왕비에게서 낳은 아들이니 태자 책봉은 당연한 일이라 여길 수 있습니다. 하지만 해우는 나이가 어렸습니다. 해우는 무휼 왕이 죽은 뒤에도 바로 왕이 되지 못하고 4년이 지난 뒤에야 왕위를 물려받을 정도로 어렸습니다.

무휼 왕이 아직 어린 해우를 호동이 죽자마자 바로 태자의 자리에 앉혔다는 사실은 무엇을 말하는 것일까요?

호동은 낙랑과의 전쟁에서 큰 공을 세우며 능력을 인정받았습니다. 전쟁 영웅인 호동의 주위에 사람이 몰리는 것은 당연합니다. 그전까지 아무 말 없던 왕비가 낙랑과의 전쟁이 끝나자마자 호동을 모함했다는 기록은 호동의 세력이 갑자기 커졌다는 것을 뜻합니다. 왕비 일가가 호동의 세력이 커지는 것을 보고만 있을 리 없었습니다. 결국 두 세력 간에 다툼이 일어났고, 왕실의 권력 다툼에서 패한 호동은 죽임을 당했을 것입니다. 무휼 왕은 왕비 편에 섰습니다. 무휼 왕은 역시 뛰어난 정략가였습니다. 호동을 아낀 건 사실이지만 왕비 측근인 외척 세력의 힘이 더 필요했을 것입니다. 호동이 죽자 민간에서 온갖 소문이 나돌았을 것이고, 어수선해진 민심을 수습하기 위해 무휼 왕은 서둘러 어린 해우를 태자의 자리에 앉혔다고 볼 수 있습니다.

또 다른 추측은, 기록을 보면 무휼 왕은 호동의 죽음과 아무 관련이 없어 보입니다. 죄를 물으려 한다고만 했지, 호동에게 죽음을 강요하지 않았습니다. 마치 무휼 왕은 호동의 죽음과 아무 관련이 없다는 것을 강조하기 위한 표현처럼 보이기도 합니다.

낙랑 정벌 이후로 호동의 세력이 커진 것은 분명합니다. 무휼 왕도 그것을 염려했을 것입니다. 호동을 아꼈지만 왕위만큼은 해우에게 물려주어야 했습니다. 그것이 왕실의 관례였습니다. 무휼 왕은 결단을 내려야만 했고, 어린 해우와 왕실의 질서를 위해서 호동의 세력을 제거해야 한다는 결론을 내렸을 것입니다. 결국 무휼 왕은 호동을 벌하였고, 그로 인해 호동이 죽었을 수도 있습니다.

삼국사기를 편찬한 김부식은 호동의 죽음을 기록하면서 자신의 의견을 남겼습니다. 유학자인 김부식은 왕비의 말만 듣고 아들을 의심한 무휼 왕의 어질지 못함을 탓했습니다. 또한 호동을 심하게 꾸짖었습니다. 사소한 이유로 목숨을 끊는 것은 죄악이고, 부모보다 먼저 죽는 것은 불효이지 효도가 아니라는 것입니다.

역사에 기록된 뒷이야기들

서기 32년(대무신왕 15년) 12월에 중요한 사건이 있었습니다. 무휼 왕은 후한에 사신을 보냈습니다.

중국 측 사서에는 '고구려의 사신이 조공하여 광무제가 하구려 후(下句麗侯)에서 고구려 왕(高句麗王)으로 왕호를 되돌려 주고 나라 이름도 하구려(下句麗)에서 고구려(高句麗)로 고쳐 주었다.'고 기록되어 있습니다. 삼국사기에도 '한 나라에 사신을 보내 조공을 했다.'고 기록되어 있습니다. 기록대로라면 고구려가 처음으로 중국에 조공을 한 것이 됩니다.

하지만 중국 왕조들은 주변 나라들에 대해 공정한 입장에서 기록을 남기지 않았습니다. 삼국사기는 중국 측의 기록을 토대로 한 것이기에 이 기록은 중국 측의 기록을 그대로 옮겨 놓은 것일 수 있습니다. 당시 상황을 살펴볼 때 선뜻 이해가 되지 않기 때문입니다. 그때 후한은 고구려에게 위협을 줄 만한 위치에 있지 않았습니다. 당시 후한은 신나라의 왕망 정권을 무너뜨린 지 겨우 8년밖에 되지 않아 지방 세력들을 완전하게 다스리지 못했던 시기였습니다. 반면에 고구려는 이미 요서 일대까지 진출해 있었고, 북부여를 제외한 동북방의 세력을 발아래에 두었습니다. 굽실거리며 후한의 비위를 맞출 이유가 없었습니다. 고구려는 후한과 외교 관계를 맺음으로써 국제사회에서 고구려의 격을 높이려 했을 것입니다. 다시 말해 외교 관례의 하나로 사신을 보낸 것이지, 조공을 목적으로 사신을 보낸 것은 아니었을 것입니다. 오히려 무휼 왕의 뛰어난 외교 수완을 엿볼 수 있는 기록이라고도 할 수 있습니다.

또 하나 중요한 사실이 있습니다.

'서기 37년(대무신왕 20년)에 낙랑을 습격하여 멸망시켰다.'는 한 줄의 기록입니다.

5년 전인 서기 32년(대무신왕 15년)에 고구려는 호동의 활약으로 낙랑 왕 최리에게 항복을 받았습니다. 항복을 했으니 낙랑은 멸망한 것입니다. 하지만 5년 후에 또다시 낙랑을 멸망시켰다는 것은 무슨 말일까요?

이때 고구려가 멸망시킨 낙랑은 옛 고조선 멸망 후 한나라(전한)가 고조선의 옛 땅에 설치한 4군 중 하나인 낙랑군(지금의 평안남도 일대와 황해도 북부 지역)이고, 5년 전에 항복한 최리의 낙랑은 그 소국이라고 볼 수 있습니다. 예전과는 다르게 전쟁 과정에 대한 기록이 없는 것은, 고구려가 큰 저항을 받지 않고 낙랑을 멸망시켰기 때문이라고 볼 수 있습니다. 중국 측의 한서지리지에 의하면 당시 낙랑의 인구는 40만 명이나 되었습니다. 그런데도 고구려가 어렵지 않게 정복했다면 그것은 고구려가 이미 5년 전에 최리의 낙랑을 정복했기 때문일 것입니다. 고구려와 국경을 맞대고 있었던 최리의 낙랑은 낙랑군의 최전방 기지였습니다. 그렇게 중요한 요충지를 차지한 고구려이기에 어렵지 않게 낙랑군을 멸망시킬 수 있었을 것입니다.

다른 추측도 있을 수 있습니다. 고구려는 정복한 지역을 직접 다스리지 않고 군, 현, 또는 성읍으로 삼아 관리를 보내거나, 정복한 지역의 사람들에게 관직을 주어 다스리게 했습니다. 최리의 낙랑을 정복한 뒤에도 그런 식으로 관리했을 것입니다. 그러나 세월이 지나면서 최리의 낙랑은 고구려의 지배에서 벗어나려고 했을 것입니다. 서기 36년(신라 유리이사금 13년)의 신라본기 기록을 보면, 낙랑이 신라 북쪽 변경을 침범해 타 산성을 함락시켰다는 기록이 있습니다. 4년 전에 고구려에 항복한 낙랑이 신라를 공격할 정도로 힘을 키웠던 것입니다. 무휼 왕이 그런 낙랑을 그대로 두고 보지는 않았을 것입니다. 무휼 왕은 다시 낙랑을 쳐서 완전하게 멸망시킨 뒤 직접 다스렸을 수도 있습니다.

고구려가 낙랑을 정복하자 후한은 트집을 잡으며 낙랑을 돌려달라고 요구했습니다. 무휼 왕은 후한 광무제의 요구를 거절했습니다.

그러자 서기 44년(대무신왕 27년) 9월, 후한의 대군은 바다를 건너와 낙랑을 점령했습니다. 고구려가 낙랑을 멸망시키고 고구려의 영토로 편입해 나가는 과정에서 후한에게 다시 낙랑을 빼앗긴 것입니다.

그리고 한 달 뒤 무휼 왕이 갑자기 세상을 떠났습니다. 41세의 한창 나이였습니다.

> 무휼 왕의 죽음에 관해 자세한 기록은 남아 있지 않습니다. 그저 죽었다는 사실만 간략하게 적혀 있습니다. 나름대로 추측할 수 있는 근거는 후한군이 낙랑을 점령한 한 달 뒤에 무휼 왕이 죽었다는 것뿐입니다.

신하들은 장례를 성대히 치르고 무휼 왕에게 '대무신왕'이라는 묘호를 올렸습니다.

대무신왕, 위대한 전쟁의 신이라는 뜻입니다. 고구려를 세운 동명성왕도 고구려의 역사를 다시 쓰게 한 광개토대왕도 감히 신이라는 칭호는 얻지 못했습니다. 그만큼 고구려인들은 대무신왕을 역사상 가장 위대한 제왕으로 꼽는 데 주저하지 않았습니다.

대무신왕은 할아버지 동명성왕이 세운 고구려를 제국으로 끌어올렸습니다. 고구려는 광개토대왕에 앞서 이미 1세기 초에 전성기를 누렸습니다. 이 시기에 이미 대제국에 걸맞는 국가 조직을 갖추고, 강력한 왕권을 바탕으로 대외 정벌에 나서 영토를 넓히며 대륙의 주인인 후한과 당당히 맞서 싸웠던 것입니다.

대무신왕의 뒤를 이어 동생 해색주가 왕위에 올랐습니다. 고구려 제4대 왕 민중 왕입니다. 태자 해우가 어려서 나랏일을 보기 어렵다고 판단한 조정의 중신들이 해색주를 왕으로 추대한 것입니다. 그리고 4년 뒤인 서기 48년, 민중 왕이 죽자 해우가 왕위에 올랐습니다. 고구려 제5대 왕 모본 왕입니다.

부록
대무신왕 연표

연대	주요 사건
서기 18년	열다섯 살의 나이로 즉위
19년	사면령 내림
20년	사당을 짓고, 동명성왕을 나라의 시조신으로 모심
21~22년	부여와 전쟁. 대소 왕을 죽이지만, 전쟁에서 패함
	부여의 내분. 갈사부여 성립
23년	왕망의 신나라 멸망. 광무제가 후한 세움
26년	개마국, 구다국 점령
27년	을두지를 좌보로 임명
28년	후한 대군 침입. 잉어 한 마리로 물리침
32년	최리의 낙랑 정벌
	호동 왕자 자결. 해우 왕자를 태자로 책봉
37년	낙랑을 멸망시킴
	후한이 낙랑을 돌려달라고 요구하나 거절
44년	후한에 낙랑을 빼앗김. 한 달 후, 세상을 떠남

부록
고구려 역대 왕

대	왕명	재위 기간	대	왕명	재위 기간
1	동명성왕	서기전 37년~서기전 19년	15	미천왕	300년~331년
2	유리명왕	서기전 19년~서기 18년	16	고국원왕	331년~371년
3	대무신왕	18년~44년	17	소수림왕	371년~384년
4	민중왕	44년~48년	18	고국양왕	384년~391년
5	모본왕	48년~53년	19	광개토대왕	391년~413년
6	태조왕	53년~146년	20	장수왕	413년~491년
7	차대왕	146년~165년	21	문자명왕	491년~519년
8	신대왕	165년~179년	22	안장왕	519년~531년
9	고국천왕	179년~197년	23	안원왕	531년~545년
10	산상왕	197년~227년	24	양원왕	545년~559년
11	동천왕	227년~248년	25	평원왕	559년~590년
12	중천왕	248년~270년	26	영양왕	590년~618년
13	서천왕	270년~292년	27	영류왕	618년~642년
14	봉상왕	292년~300년	28	보장왕	642년~668년

부록
질문과 대답

> 지난 여름 캠프에서 어린이들과 대무신왕 이야기로 역할극을 했습니다. 어린이들은 모둠별로 토의를 하고, 주제 토론을 하며, 자료를 찾아서 대본을 만들고, 무대에 섰습니다. 그 과정에서 주고받은 이야기들을 몇 가지 골라 간략하게 추려 보았습니다.

> 저는 무휼 왕이 여섯 살 때 대소 왕의 사신을 꾸짖은 것을 보고 정말 대단하다고 생각했어요. 그런데 그게 정말인가요? 여섯 살짜리 어린아이가 그런 말을 했다는 게 믿어지지 않아요.
>
> — 거창 아림초등학교 2학년 이홍재

삼국사기에 그렇게 기록이 되어 있습니다. 물론 의심이 가는 부분도 있습니다. 대무신왕의 출생과 성장 과정에 대해 많은 추측이 나도는 것도 사실입니다. 하지만 역사는 기록입니다. 우리나라에서 가장 오래된 역사책인 삼국사기의 기록을 무시할 수는 없습니다. 그래도 여섯 살짜리 어린아이가 한 말치고는 지나치게 영악스럽습니다. 무휼의 행동 그대로를 기록한 것일 수도 있지만, 무휼의 총명함을 강조하기 위해 부풀려 표현한 것일 수도 있습니다. 그래도 전혀 터무니없는 기록은 아닐 것입니다. 당시에 고구려는 부여의 비위를 거스를 만한 형편이 되지 못했습니다. 그렇기에 유리명왕은 어린 무휼을 통해 슬며시 서운한 감정을 내비쳤을 수도 있습니다. 그러니까 무휼은 어른이 일러준 말을 그대로 전하기만 했을 수도 있다는 말입니다. 물론 가정입니다. 그렇다고 해도 홍재 친구의 말대로 여섯 살짜리 어린아이가 한 행동치고는 정말 대단합니다.

> **신마 거루에 대해서 더 알고 싶어요. 정말 하늘에서 내려온 말인가요?**
>
> — 진해 중앙초등학교 3학년 박준호

본문에서 거루를 백마로 표현했지만 거루의 색깔에 관한 내용은 기록에 없습니다. 백마일 수도 있고 아닐 수도 있습니다. 어린이들에게 신마라는 영험한 이미지를 쉽게 전달하기 위해 임의로 표현한 것뿐입니다. 하지만 아무리 옛날 일이라고 해도 하늘에서 말이 뚝 떨어졌을 리는 없겠지요.

거루라는 한자 이름을 보면, '駏(거)'는 암탕나귀와 수말 사이에 난 잡종인 버새를 뜻하고, '驢(루)'는 큰 노새를 뜻합니다. 이름만 보더라도 거루는 당시의 고구려 말과 생김새가 크게 달랐다는 것을 알 수 있습니다. 고구려 말은 힘이 세고 지구력이 뛰어났지만 몸집이 크지 않았습니다. 그에 비해 거루는 몸집이 확연하게 컸습니다. 몸체가 큰 서역산 말이었는지도 모릅니다. 고구려 말과 크기부터 달랐기에 신마라는 표현을 썼을 것입니다.

또 조금은 색다르게 추측해 볼 수도 있습니다. 거루가 부여 말 백 필을 이끌고 왔다는 학반령은 무휼이 어렸을 때 부여군을 몰살한 곳입니다. 고대사회에서 말은 군사력이나 기동성을 상징합니다. 부여군을 물리친 곳, 즉 고구려의 성지와도 같은 곳에서 잃어버린 거루를 되찾았다는 것은, '하늘의 도움으로 고구려의 군사력이 강해졌다'는 것을 빗대어 표현한 것일 수도 있습니다. 그렇다면 신마는 '하늘의 도움'을 상징하는 표현으로 생각할 수도 있을 것입니다.

> 후한의 군사들이 쳐들어왔을 때 무휼 왕은 을두지의 말을 듣고 싸우지 않았습니다. 만약에 송옥구의 말대로 후한군과 싸웠다면 어떻게 되었을까요? 저는 무휼 왕이 적에게 사과 편지를 쓴 것은 굴욕이라고 생각합니다.
>
> – 대전 회덕초등학교 6학년 김연우

무휼 왕은 후한군과 대치한 상황에서 편지를 써서 적진에 보냈습니다. 이것을 굴욕이라고 생각할 수도 있습니다. 하지만 전쟁은 과정도 중요하지만 결과가 중요합니다. 그래서 흔히 '전쟁에서 2등은 필요 없다.'는 말을 합니다.

당시 고구려에서 동원할 수 있는 병력은 5만 명 정도였습니다. 고구려에 침입한 후한군은 최소한 20만 명은 되었을 것입니다. 물론 전쟁의 승패가 꼭 군사의 수에 좌우되는 것은 아닙니다. 하지만 고구려가 후한군과 싸워서 이겼다고 하더라도 후한은 그 뒤로 2차, 3차로 계속 고구려에 침입했을 것입니다. 고구려군이 아무리 용맹하다고 해도 매번 이길 수는 없겠지요.

무휼 왕은 그런 점을 충분히 생각했을 것입니다. 싸워서 이기는 것도 중요하지만 나라와 백성을 지키는 것이 우선이니까요. 무휼 왕은 싸우지 않고 적을 물리칠 수만 있다면 한 번의 굴욕 쯤은 참을 수 있다고 생각했을 것입니다. 무휼 왕은 편지를 썼고, 편지를 본 후한군은 물러갔습니다. 피 한 방울 흘리지 않고 적을 물리친 것입니다. 과연 누가 이겼고 누가 진 것일까요? 전쟁은 좀 더 넓은 시각으로 그 결과를 봐야 합니다.

> 낙랑의 보물인 북과 나팔은 적군이 쳐들어오면 정말로 스스로 소리를 냈나요? 어떻게 저절로 소리가 날 수 있었을까요?
>
> — 인천 약산초등학교 5학년 이하원

북은 두드려야 소리가 나는 악기입니다. 나팔도 마찬가지입니다. 불지 않으면 소리가 나지 않습니다. 이것은 예나 지금이나 변함없는 사실입니다. 북에서 소리가 나려면 누군가 북을 쳐야 하고, 나팔에서 소리가 나려면 누군가 나팔을 불어야만 합니다.

고대사회에서 북과 나팔은 주로 전장에서 명령을 전달하고 연락을 하는 도구로 쓰였습니다. 결론을 말하자면 '저절로 소리가 나는 북과 나팔'은 낙랑의 감시, 경계 체계를 비유한 표현이라고 할 수 있습니다. 적이 침입해 오면 불을 피운다거나 북을 치는 등, 아군이 빠르게 대응할 수 있도록 알려 주는 경보 수단을 표현한 것일 수도 있고, 혹은 그런 일을 맡아서 했던 사람을 표현한 것일 수도 있습니다.

확실한 것은 낙랑은 적의 침입을 감시하는 경계 능력이 매우 뛰어났다는 사실입니다. 최리의 딸인 낙랑 공주가 북을 찢고 나팔을 부쉈다는 기록은 그러한 낙랑의 경계 체계를 어떤 식으로든 망쳐 놓은 것으로 볼 수 있습니다.

중국이 고구려를 자기네 역사라고 우기는 이유는 무엇인가요?

― 광명 안서초등학교 4학년 김연수

중국은 고구려사가 중국의 역사라고 주장하고 있습니다. 이것은 단순히 과거 역사에 대한 주권 시비가 아닙니다. 고구려사를 중국 역사에 편입시킴으로써 옛 고구려의 영토, 즉 한반도 북부 지역까지도 과거에 중국의 영토였다고 주장하고, 그것을 국제사회로부터 인정받아 중국이 동북아시아의 문화 종주국임을 주장하려는 것입니다. 특히 연변 조선족 자치주가 있는 간도 지역은 1907년에 일본이 '조선통감부 간도파출소'를 설치하고 한국의 영토임을 밝힌 곳입니다. 그러나 일본은 1909년 9월에 간도 지역의 영유권을 중국에 넘겼습니다. 이런 역사

적인 사실은 뒤에 한반도가 통일되었을 때 한국과 중국 간에 큰 쟁점이 될 것입니다. 중국은 고구려사를 중국 역사에 편입시킴으로써 간도 지역을 포함한 옛 고구려 영토가 원래부터 중국 땅이었다는 주장을 합리화시키려고 합니다.

중국은 고구려사를 중국사에 포함시키기 위한 연구를 벌써 끝냈습니다. 우리 측에서 반발하자 연구 성과를 공개하지 않았습니다. 우리와 외교 마찰을 피하려는 의도에서입니다. 하지만 중국 측의 기본 입장은 결코 바뀌지 않았습니다.

대무신왕을 소재로 한 드라마를 보면, 의상이나 소품, 건물 등 대부분이 중국풍인 탓에 마치 중국 무협 영화를 보는 듯한 착각이 듭니다. 이 드라마를 중국인들이 본다면, 그들은 대무신왕과 고구려를 어떻게 평가할까요? 우리는 지금 중국과 역사 전쟁을 치르고 있는데 말입니다.

삼국사기로 만난
대무신왕 무휼

초판 발행 2008년 11월 11일

글 계 일
그 림 백성민

펴 낸 곳 계수나무
펴 낸 이 위정현
출판등록 2001.1.9. 제10-2091호
주 소 135-090 서울 강남구 삼성동 157-3 LG 트윈텔 2차 1705호
전 화 (02)566-6288 편집부 (02)566-6504 영업부
팩 스 (02)566-6621
블 로 그 blog.daum.net/gesunamu21
blog.naver.com/gesunamu21
홈페이지 www.gesunamu.co.kr
이 메 일 gesunamu21@hanmail.net

ⓒ 글 계일 • 그림 백성민, 2008

ISBN 978-89-89654-47-6 73910

- 이 책의 모든 권리는 계수나무에 있습니다.
  계수나무의 동의 없이 이 책에 실린 글과 그림을 복제하거나
  전산 장치에 저장·전파할 수 없습니다.